ERDKUNDLICHES WISSEN

SCHRIFTENFOLGE FÜR FORSCHUNG UND PRAXIS
HERAUSGEGEBEN VON EMIL MEYNEN UND ERNST PLEVE

HEFT 47

GEOGRAPHISCHE ZEITSCHRIFT · BEIHEFTE

FRANZ STEINER VERLAG GMBH · WIESBADEN

1977

MADEIRA, ISCHIA UND TAORMINA
INSELSTUDIEN

VON

HERMANN LAUTENSACH

MIT 5 KARTEN UND 16 ABBILDUNGEN

FRANZ STEINER VERLAG GMBH · WIESBADEN

1977

Zuschriften, die die Schriftenreihe „Erdkundliches Wissen" betreffen, erbeten an:

Prof. Dr. E. Meynen, Langenbergweg 82, 5300 Bonn-Bad Godesberg

oder

Prof. Dr. E. Plewe, Roonstraße 16, 6900 Heidelberg

CIP- Kurztitelaufnahme der Deutschen Bibliothek

Lautensach, Hermann [Sammlung]
Madeira, Ischia und Taormina: Inselstudien. - 1. Aufl.
- Wiesbaden: Steiner 1977.
  (Erdkundliches Wissen; H. 47) (Geographische Zeitschrift: Beih.)
ISBN 3-515-02564-2

Alle Rechte vorbehalten
Ohne ausdrückliche Genehmigung des Verlages ist es auch nicht gestattet, das Werk oder einzelne Teile daraus nachzudrucken oder auf photomechanischem Wege (Photokopie, Mikrokopie usw.) zu vervielfältigen. © 1977 by Franz Steiner Verlag GmbH, Wiesbaden.
Druck: Offsetdruckerei Proff & Co. KG, Bad Honnef
Printed in Germany

Den Freunden

J. G. Granö und *Orlando Ribeiro*

gewidmet

INHALT

Vorwort der Herausgeber XI
Madeira. Eine länderkundliche Skizze des Archipels (1949) 1
Klima und Pflanzenkleid Madeiras im Wandel der Jahreszeiten (1951) 24
Die Insel Ischia (1955) 31
Taormina und seine Landschaft (1939) 56

VORWORT

Das Heft faßt vier Arbeiten Hermann Lautensachs, des Meisters länderkundlicher Schau, zusammen. Sie beruhen auf eigenen Wanderungen in den Jahren 1939 in Taormina, 1949 auf Madeira und 1954 auf Ischia. In jedem Satz spürt man die eigene Beobachtung und, wenn der Verfasser Forschungsergebnisse anderer wiedergibt, wie er sie auf Grund der eigenen Begehungen vorträgt. Bilden seine großen Landeskunden, "Spanien und Portugal" (1931), "Iberische Halbinsel" (1964), "Portugal" (2 Bde 1932 und 1937), "Korea" (1945) Werke des Fachs, so sind diese seine Inselstudien Kabinettstücke geographischer Beobachtung und Zusammenfassung. Jedem, der Madeira, Ischia oder Taormina mit wachem Sinn besucht, werden sie eine wertvolle und aufschlußreiche Einführung sein. In dieser Hoffnung werden die an verstreuten Orten erschienenen Arbeiten hier zusammengefaßt neu herausgegeben.

Die Herausgeber

MADEIRA
Eine länderkundliche Skizze des Archipels, dem Exkursionsfreund *J. G. Granö* gewidmet

Seit Junghuhns berühmter Java-Monographie (1852–54) sind länderkundliche Inselstudien immer wieder mit besonderer Vorliebe in Angriff genommen worden. Zieht doch die klare Begrenzung und Individualisierung eines relativ kleinen Festlandstückes durch das Meer die Aufmerksamkeit unwillkürlich in bevorzugtem Maße auf sich und erleichtert in vielen Fällen auch die Einsicht in die länderkundlichen Zusammenhänge, so daß die Methoden der Forschung wie der Darstellung verhältnismäßig einfach sein können. Madeira, an einer der großen Weltverkehrsstraßen gelegen und durch seine ästhetischen Reize ebenso wie durch die therapeutischen Wirkungen des Klimas seiner Südküste berühmt, hat eine solche Würdigung schon wiederholt gefunden. Liegt es doch genügend weit von den europäischen und afrikanischen Küsten entfernt, um eine völlige Selbständigkeit zu entfalten, und im übrigen wird es durch die zahlreichen makaronesischen, atlantischen und mediterranen Züge in weite Zusammenhänge gestellt, ja im Landschaftsbild seines Südsaums zeigen sich sogar tropische Einschläge.

In deutscher Sprache hat zuletzt *W. Hartnack* (1) eine auf zwar nur kurze Bereisung, aber um so gewissenhafteres und breiteres Literaturstudium gegründete ausführliche Monographie der Inselgruppe und insbesondere der Hauptinsel gegeben. In den seither verflossenen zwanzig Jahren hat sich das Kulturbild nicht unwesentlich geändert, und ein umfangreiches, vorwiegend von portugiesischer Seite herausgebrachtes Schrifttum (2–25) gibt Anlaß zu neuen Fragestellungen und Lösungen. Es scheint darum die Zeit gekommen, einen modernen länderkundlichen Abriß des Archipels in Aufsatzform zu geben. Den äußeren Anlaß dazu bot die Madeira-Exkursion des Internationalen Geographenkongresses zu Lissabon, die vom 23.4. bis 10.5.1949 dauerte und an der teilzunehmen mir vergönnt war. Sie stand unter der Führung meines Freundes *Orlando Ribeiro,* der kürzlich eine besonders in den breit angelegten kulturgeographischen Abschnitten ausgezeichnete Länderkunde der Hauptinsel geschrieben hat (2). Viel verdanke ich auch den Diskussionen mit dem britischen Geologen Dr. *G. W. Grabham* und dem deutschen Botaniker *E. W. Boesser,* die beide seit langem in Funchal ansässig sind. Die jahrzehntelangen Erfahrungen aus dem festländischen Portugal haben mir bei manchen Fragen wichtige Hilfe geboten.

Die südwestliche Zuspitzung des europäischen Kontinents setzt sich zunächst nach W und dann nach SW in Form eines über 900 km langen submarinen Sockels fort, der in den isolierten Kuppen Gorringe (Gettysburgh) und Josephine bis 42 bzw. 293 m unter dem Meeresspiegel aufragt. Er trennt das Iberische Becken der Ostatlantischen Beckenflucht vom Nordostausläufer des Kanarenbeckens. Dieser Ausläufer setzt sich gegen das Festland zu in Gestalt des Golfes von Cadiz fort, der zur Bruchzone des Mittelmeeres überleitet. Es ist nicht unwahrscheinlich, daß jener Ausläufer selbst eine Fortsetzung der mediterranen Bruchzone darstellt. Darauf deutet die Tatsache, daß sein Nordrand, rd. 200 km südwestlich von Kap St. Vincent, einen Herd schwerer Beben darstellt, so des bekannten Lissaboner Bebens vom 1. November 1755. Der Name *"Madeiragraben"* für ihn dürfte also berechtigt sein. Er trennt den Madeirasockel von der Kanarenplatte. Da, wo der Nordrand des Madeiragrabens dem westiberischen Kontinentalabhang nahe kommt, ist der Madeirasockel schmal und niedrig.

Dem Südende des Madeirasockels, da, wo er mit großer Steilheit zu mehr als 4500 m Tiefe abzufallen beginnt, entragt die *Inselgruppe Madeira,* zwischen 32° 25' und 33° 10' n. Br. gelegen und fast 800 km von der afrikanischen Festlandküste bzw. fast 1000 km von Lissabon entfernt. Sie ist nahezu ganz aus jungvulkanischen Gesteinen aufgebaut, und es ist daher wahrscheinlich, daß auch die genannten submarinen Kuppen vulkanische Aufragungen darstellen. Der Madeira-Archipel besteht aus drei Einheiten. Die *Hauptinsel Madeira* ist in W-E-Richtung 58 km lang und maximal 23 km breit. Die völlig gebirgige Insel steigt bis 1861 m auf. Über dem gleichen Schelf erhebt sich die 22 km lange, aber nur 1,5 km breite, südöstlich gerichtete Reihe der *Desertas-Inseln*. Die beiden südlichen besitzen eine ziemlich gleichbleibende Höhe von 500 m. Sie gehören strukturell zur Hauptinsel und werden daher hier mit ihr zusammen behandelt. Durch eine Meerestiefe von 2345 m ist jedoch die *Ilha do Porto Santo* abgetrennt. Sie beginnt 42 km nordöstlich der Ostspitze der Hauptinsel und erstreckt sich, von kleinen Beiinseln umgeben, 23 km lang und höchstens halb so breit in der gleichen Richtung. Wir widmen ihr zum Schluß eine kurze Sonderbetrachtung.

Die drei Einheiten zusammen sind 815 qkm groß, also kleiner als Rügen (926 qkm). Wie der Name verrät, sind die Desertas ohne ständige Bevölkerung. Porto Santo besitzt 2700 Bewohner. Der überragende Hauptteil der vollen Viertelmillion Menschen, die der Archipel heute beherbergt, drängt sich auf Madeira selbst. Bei einer Fläche von 728 qkm bedeutet das die gewaltige Dichte von 339 E./qkm, gegenüber 98 E./qkm (1946) auf dem durch Flüchtlinge übervölkerten Rügen! Noch viel imponierender wird dieser Vergleich, wenn man erfährt, daß auf Madeira die klimatische Wirkung der Höhenaufragung und die Steilheit der Hänge die Anbaufläche auf ein Viertel des Inselareals beschränken.

Die Hauptinsel Madeira hat ungefähr Bohnenform (Karte 1). Im E weist eine 8 km lange, schmale gebirgige Halbinsel, die Ponta de S. Lourenço, auf die Desertas hin. Die 19 km weite Lücke zwischen beiden dürfte erst in der jüngsten geologischen Vergangenheit durch die Nordostbrandung geschaffen sein. Im Längs- wie ganz besonders im Querschnitt hat die Hauptinsel das *Profil eines kräftig aufgewölbten Schildes*. Diese Form ist das Erzeugnis der vulkanischen Aufschüttung. Die Wölbung des Schildes setzt sich jenseits des meist schmalen Schelfes in die Tiefsee hinunter fort. Der Inselkörper ragt aus wenigstens 3000 m Tiefe auf, und nur etwa 2/5 seiner Gesamthöhe von rd. 5000 m liegen über dem Meeresspiegel. Reste des prävulkanischen Untergrundes sind nirgends anstehend gefunden oder in Bruchstücken emporgefördert. In dem zur Mitte der Nordküste gerichteten Tal der Ribeira de S. Vicente hat man in 2 km Entfernung von der Küste und 360 bis 380 m Höhe einen Korallenkalk des Helvet gefunden, der nach oben in eine Bergsturzablagerung aus Basaltblöcken übergeht. Es handelt sich um eine Strandbildung des Mittelmiozäns. Sie läßt den Schluß zu, daß seither eine Hebung des Inselkörpers um den genannten Betrag eingetreten ist. Sie ist dem Schichtbau nicht *an*gelagert, wie gelegentlich angenommen worden ist (4–6), sondern *ein*gelagert (3, 8). Der Inselkörper ist seither sowohl nach oben wie nach außen gewachsen.

Die viele Hunderte von Metern hohen Kliffs und die ebenso tiefen Taleinschnitte entblößen den *strukturellen Bau* des Schildes in ausgezeichneter Weise. Die vulkanischen Ablagerungen bestehen aus: 1. Basaltdecken, 2. basaltischen Schlotfüllungen, 3. basaltischen und trachytischen Gangfüllungen (diques), 4. leicht verbackenen Lapilli- und Schlackenagglomeraten (areões), 5. vulkanischen Tuffen. Soweit diese Ablagerungen geschichtet sind, herrscht ein deutlich periklinales Fallen. Die Haupteruptionszentren müssen also in der Nähe der Längsachse der Insel gelegen haben. Die Lavaströme haben ihr Liegendes gefrittet und so ziegelrote Bänder erzeugt, die an den Kliffs und Steilhängen ausgezeichnet verfolgt werden können. Sie zeigen, daß die Basaltdecken ihrer Unterlage bald konkordant aufliegen, bald ein Abtragungsrelief eingedeckt haben. Das gleiche gilt von den Tuffen. Der Aufbau der Insel hat sich also in einer Unzahl von konstruktiven

Eine länderkundliche Skizze des Archipels

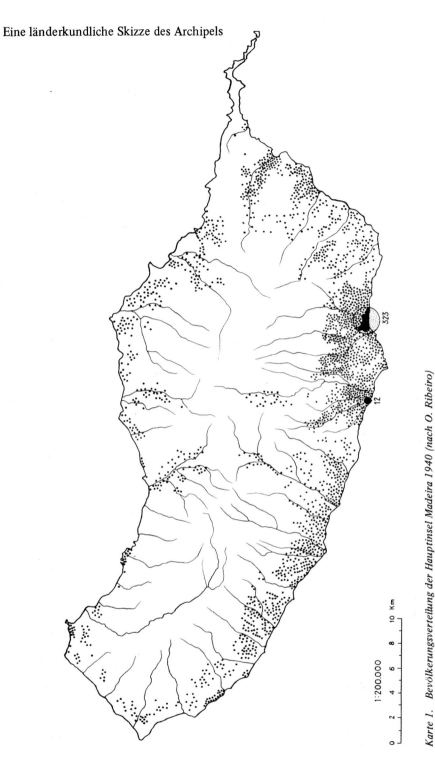

Karte 1. Bevölkerungsverteilung der Hauptinsel Madeira 1940 (nach O. Ribeiro)
Jeder Punkt stellt 100 Einwohner dar. Die beiden Kreise sind den Bevölkerungszahlen der Städte Funchal und Camara de Lobos proportional; die Zahlen sind in Hunderten hinzugefügt.

und destruktiven Einzelphasen vollzogen. Eine Fahrt unter den Kliffs entlang zeigt diese oft wirre Wechsellagerung der braunen, backsteinroten oder ockergelben Tuffe und der grünschwarzen Laven mit den senkrecht oder schräg durchschießenden Gängen ausgezeichnet. Im Zentrum der Insel, zwischen dem Pico do Arieiro und dem Ostrand des Paúl da Serra, überwiegen die Lapilli- und Schlackenagglomerate, die von einer Unmenge von Gängen zusammengehalten werden, wie die Betonmassen von den Eisenbändern (1). Nach außen hin nehmen die periklinal geschichteten Lava- und Tuffdecken an Zahl und Mächtigkeit zu. Sie beherrschen aber auch die ausgedehnte Hochfläche des Paúl da Serra (1600 bis 1350) in der Westhälfte der Insel.

Auch sonst werden die breitflächigen *Oberflächenformen* im großen und ganzen von den primären, noch unzerstörten Strukturformen der jeweils jüngsten Aufschüttungen gebildet. Im SW wie im SE der Insel sind sie als mittelsteil nach außen gerichtete, an Kliffs endende Hänge entwickelt. Solche beherrschen auch das Hintergelände von Funchal, hier allerdings durch übereinander geschichtete Lavadecken in mehrere Treppenstufen zerlegt. Östlich wie westlich der Stadt dagegen hat sich die vulkanische Aufschüttung nicht so einfacher Regel gefügt. Entlang den Radiallinien Poiso–Pico do Infante–Kap Garajau einerseits, Chão dos Terreiros–Kap Girão andererseits haben sich sekundäre Ausbruchsstellen gebildet, deren Laven und Tuffe, senkrecht zur Küste streichend, an den riesigen Kaps ausgezeichnet aufgeschlossen sind. Durch sie sind die beiden radialen Höhenzüge entstanden, die zusammen mit dem Rückgehänge die Muschelform des Halbkreises um Funchal erzeugen, eine Form, die für Klima, Anbau und Stadtentwicklung von ausschlaggebender Bedeutung geworden ist. Die 100-Meter-Isobathe kurvt vor den beiden Kaps nach außen und verrät damit, daß die genannten Höhenzüge einst Vorsprünge bildeten. Die mächtigen Tuffe und spärlichen Lavadecken der Ponta de S. Lourenço fallen nach S und entstammen offenbar linienhaft aufgereihten Eruptionsstellen dicht nördlich der Halbinsel. Entsprechendes dürfte für die Basalt- und Tuffschichten der Desertas gelten.

In den peripheren Teilen der Insel krönen zahlreiche kleine *junge Ausbruchskegel* die geschilderten Formen. Sie bestehen aus Laven, Schlacken, Bomben bzw. Lapilli oder Aschen. Oft sind sie nahezu unverletzt erhalten. Als besonders charakteristisch seien genannt: die auf gerader Radiallinie aufgereihten vier "Picos" dicht westlich von Funchal, der völlig erhaltene Lavaring des Pico de Lagôa, der dem tiefgründig verwitterten Tuffplateau von Santo da Serra aufsitzt, und der Pico da Piedade auf der Punta de S. Lourenço.

In den geschilderten Schild haben sich die Bäche und Flüsse eingeschnitten. Das *Ausmaß dieser Erosion* ist aber recht verschieden und hängt stark von der Wasserführung ab, die im N viel größer ist als im S. Die im Sommer austrocknenden Bäche der Muschel von Funchal haben sich in ihren Oberläufen nur wenig eingeschnitten, so daß zwischen dem Poiso und Pico do Cedro ausgedehnte Hochflächen erhalten sind. Ähnliches gilt vom Südwesten, dessen Bäche durch die von NW her tief eingerissene Schlucht der Ribeira da Janela in ihrem Einzugsgebiet beschränkt worden sind. Solche von Bacheinschnitten begrenzte Flachrücken nennt der Anwohner lombo. Die Flüsse des mittleren Südens dagegen, insbesondere die Ribeira Brava und Ribeira dos Socorridos, greifen in tiefen engen Kanjons durch die südlich fallenden Lavadecken hindurch bis in das Zentrum der Insel vor. Hier haben sie in den areões die breiten, aber ungemein steilwandigen Kessel von Serra de Agua und Curral das Freiras erodiert. Dazu, diese Kessel und andere steilwandige Erosionsformen, wie den Caldeirão do Inferno (Ribeira Grande) als Krater zu deuten (1, 4–6), fehlen alle Anhaltspunkte. Die Abtragungsformen in diesem Zentralbereich werden dadurch ungemein schroff und abwechselnd. Die je nach dem Verfestigungsgrad verschieden steilen, mitunter senkrechten Wände der areões werden durch Gänge gegliedert, die als Mauern oder Pfeiler herauspräpariert sind. Wie gewaltig diese Zerschneidung ist, geht aus der Tatsache hervor, daß der Ort Serra de Agua, fast gleich weit von der Süd- wie der Nordküste gelegen, eine Höhe von nur 327 m besitzt, während im Umkreis seines Kessels der Pico do Jorge bis 1692 Meter aufsteigt. Ähnliches gilt vom Kessel des Curral das Freiras, zu dessen flankierenden Gipfeln der Pico Ruivo de Santana (1861 m) gehört. Diese Gipfel knüpfen sich oft an harte Basalt- oder Trachytgänge. Die Szenerie der viele Hunderte von Metern tiefen, von senkrechten Schlacken-, Tuff-oder Lavawänden eingeschlossenen Schluchten setzt sich nach NE in den Oberläufen der Ribeira Grande, Ribeira Seca und des Ribeiro Frio fort.

Noch nach der Einschneidung der wichtigsten Täler haben die vulkanischen Vorgänge fortgedauert. Nicht selten sind die Fälle, vor allem auf der Nordseite, in denen die Tiefe der rezenten Täler noch von *Basaltströmen* benutzt worden ist, die auf diesem Wege die Küste erreicht haben. Mitunter sind auch die zugehörigen Ausbruchöffnungen noch feststellbar. Am bekanntesten ist dieser Fall im Tal der Ribeira de S. Vicente geworden (1–3). An der Küste sieht man hier das Untertauchen des schuttbedeckten alten Gehänges unter den etwa 40 m mächtigen Lavastrom. Dieser ist vom Bach bis zum alten Talgrund hinunter zerschnitten worden, so daß herrliche Terrassen entstanden sind, deren Form fluviatilen Aufschüttungsterrassen gleicht. Derselbe Fall liegt im westlich benachbarten Tal von Seixal vor. Der vom Lavastrom aufgehöhte Talboden ist hier jedoch größtenteils unzerschnitten. Die Lava hat die Entwässerung an die beiden Talränder gedrängt. Je ein Bach nimmt die linken und die rechten Zuflüsse auf. Beide ergießen sich getrennt ins Meer. Hier wird der Lavastrom jetzt von der Brandung in einem 50 m hohen, von Klippen gespickten Kliff unterschnitten. Wenn man die Reihe dieser Fälle in aufsteigender Folge mustert, gelangt man auch zu einer Deutung des Reliefs im NE, bei Faial und Porto da Cruz. Zwischen diesen Küstenorten erhebt sich der riesige, oben platte Steilklotz der Penha de Aguia (590 m). Er bildet den Rest eines mächtigen Pakets von leicht meerwärts fallenden Basaltschichten, die landeinwärts in dem Lombo do Pedreiro (775– 1200 m) ihre Fortsetzung finden. Rechts und links des Zuges Lombo do Pedreiro-Penha de Aguia dehnt sich je ein breites Tal, das von jüngeren Lavadecken erfüllt ist. Diese senken sich meerwärts von 500 bzw. 350 m auf 150 m Höhe und sind je von mehreren parallelen Bachläufen in lombos oder Kämme (cristas) zerschnitten. Im Tal von Faial existieren drei solcher tief eingeschnittenen Kastentäler, die der Ribeiras Sêca, de Ametade und de S. Roque.

Die Insel ist fast rings von *Kliffs* umgürtet, deren Höhe sich nach der Struktur des Landes und nach der Exposition richtet. Da Nordwinde, oft von Sturmesstärke, im Bereich der Insel überwiegen, ist die Brandung an der Nordküste ungemein viel stärker als an der Südküste. Erstere ist von gewaltigen Strandwällen aus großen Basaltgeröllen umsäumt, die bei hoher See gegen das dahinter aufragende Kliff geschleudert werden. Die Abrasion geht daher im N schneller vor sich als im S, und infolgedessen ist die Abrasionsplattform des Schelfes, die im Takt der glazialeustatischen Meeresspiegelschwankungen geschaffen wurde, dort breiter als hier (bis zu 5 km gegenüber maximal 2 km). Der strukturelle Schild ist im N also stärker gekappt worden. Östlich von Seixal brechen die sanft absteigenden Hochflächen in nur 1 km Entfernung von der Küste im 1000 m Höhe ab. Der durch die Abrasion und die gleichzeitigen subaerilen Wirkungen geschaffene Hang hat somit 45° Durchschnittsneigung. Die unteren Teile des Kliffs sind auf der Nordseite oft senkrecht, und die Bäche flattern in Fällen direkt ins Meer hinunter. Die Nordwest-

und Südwestseiten ähneln der Nordküste. Häufiger als an letzterer bauen sich hier aber große Bergsturzablagerungen vor den Fuß des Kliffes. Soweit ihre Oberfläche in Kultur genommen ist, heißen sie faja. Daß die Nordküste an fajas ärmer ist, liegt nicht an der Seltenheit der Bergstürze, sondern daran, daß deren Material durch die Brandung schnell entfernt wird.

Auch auf der Südseite sind da und dort einzelne Kliffs von vielen hundert Metern Höhe vorhanden. Die Kaps Girão (580 m) und Garajau sind schon geschildert worden. Im SE gesellt sich zu ihnen noch das Kliff des Facho bei Machico. Aber selbst sie sind leicht übergrünt. Diese Tatsache und das Fehlen von großblockigen Strandwällen deutet auf die relative Langsamkeit der Rückwanderung der Südküstenkliffs. Zwischen diesen Hochkliffs tauchen die von Lavadecken gebildeten Strukturflächen des Schildes häufig sanftgeböscht zur Südküste herunter, um an einem höhlenreichen Niederkliff von wenigen Dekametern Höhe zu enden.

Überall werden die Einzelformen der Kliff- und Talwände durch die Struktur bestimmt. Wiederholt sind Verflachungen an ihnen fälschlich als Zeugen fluviatiler und mariner Zyklen gedeutet worden (1). Für eine subrezente Hebung Madeiras fehlen Beweise. Die Jugend der Abtragungsformen ist vielmehr durch die Jugend der Strukturformen bedingt. Flachstrände finden sich nur an den Flußmündungen, besonders denen der Südküste. Durch die größere Schnelligkeit der nördlichen Abrasion hat die Symmetrie des Schildes beträchtlich eingebüßt. Die Hauptwasserscheide liegt nördlich der Mittelachse der Insel. Die nördlichen Bäche haben ein noch steileres Profil. Häufig springen sie über harte Lavabänke mit Wasserfällen von weit mehr als 100 m Höhe.

Mit einem einzigen Blick läßt sich der ungeheure *Gegensatz der beiden Hauptküsten* auf der Punta de S. Lourenço erfassen. Schon von Porto da Cruz an hat die Abrasion die nördliche Abdachung völlig aufgezehrt. Die linken Seitenbäche der Ribeira de Machico entspringen direkt über dem Nordkliff. Die bis 180 m aufragenden Tuffkuppen der Punta liegen ihrerseits direkt über dem hohen Nordkliff, vor dem harte Gänge in Form von Felspfeilern aufragen. Die Abdachung der Halbinsel ist gleich dem Fallen der Tuffschichten einseitig nach S gerichtet und endet an einem ganz niedrigen Kliff.

Die Punta de S. Lourenço trägt dicht westlich des Pico da Piedade in einem flachen Tälchen über den Tuffen einen den Hängen angeschmiegten wenig mächtigen *Kalksandstein,* der eine quartäre Landschneckenfauna birgt (2, 4–4, 8). Die Ablagerung setzt an einem Windtor dicht über dem Nordkliff ein. Es handelt sich nach meiner Auffassung um eine äolische Bildung, die während der Würmeiszeit, als der Meeresspiegel 85 bis 100 m tiefer lag, aus den Muschelsanden des jetzigen Meeresbodens durch nördliche Winde über das damals inaktive Kliff hinaufgeweht wurde und im Lee zum Absatz kam. Nach *Grabham* (8) existiert bei Porto da Cruz eine ähnliche Ablagerung.

Das *Klima* Madeiras ist bisher allzu einseitig nach den meteorologischen Messungen von Funchal beurteilt worden. Diese sind aber nur für die Südküste bis etwa 350 m aufwärts charakteristisch. Der größte Teil der Insel weist gänzlich andere Verhältnisse auf, über die man bisher nur durch Gelegenheitsbeobachtungen ohne Instrumente orientiert war. Erst seit 1940 existieren weitere meteorologische Beobachtungsstellen, die bis 1948 auf sechs Vollstationen und achtzehn Niederschlagsposten vermehrt worden sind. Sie veröffentlichen ihre Werte bis 1944 in den Resumos mensais das Observaçoes meteorologicas (Lisboa), seither gesondert in der Schrift 8a. *O. Ribeiro* (2) hat mit Hilfe der von ihnen gemessenen Werte Diagramme des mittleren Monatsganges von Temperatur- und Niederschlagshöhe und eine Karte des Jahresniederschlages gezeichnet. Schließlich bieten die porugiesischen Wetterkarten und die mittleren Windrichtungen der Schiffsbeobachtungen eine wichtige Unterlage (25). Mit Hilfe aller dieser Quellen können wir heute die Klimaverhältnisse Madeiras wesentlich richtiger zeichnen, als das noch vor zehn Jahren möglich war.

Nach der Klassifikation von *Köppen* würden danach alle Stationen Madeiras zum *Cs-Klima* gehören, mit Ausnahme einer Station der Südküste, Lugar de Baixo, deren Niederschlagshöhe bei einer mittleren Jahrestemperatur von 19,0° schon so niedrig ist (572 mm), daß sie zum Typ BS gehört. Dieser Typ dürfte alle die sommerlich glühend heißen gegen Nordwirkungen extrem geschützten fajas der Südwestküste vertreten. Es wäre aber völlig falsch, von ihnen abgesehen, ganz Madeira einem einzigen Typ zuzurechnen. *Köppen* weist bekanntlich eine Station C mit vorherrschenden Winterregen seinem Typ Cs dann zu, wenn der niederschlagsärmste Monat höchstens den dritten Teil der Niederschlagshöhe des niederschlagsreichsten besitzt. Die Klassifikation will bekanntlich die vegetativen Auswirkungen des Klimas zum Ausdruck bringen. Für diese ist es aber gleichgültig, ob die Niederschläge des regenreichsten Monats zu enormer Höhe steigen und damit den Prozentsatz des regenärmsten Monats unter ein Drittel drücken, wenn nur der letztere eine für das Pflanzenleben genügende absolute Höhe besitzt. Es wäre daher besser, wenn die Untergliederung der C-Klimate mit Hilfe einer absoluten, temperaturverbundenen Skala erfolgte, ähnlich, wie sie von *Köppen* für die Trennung von Af und Aw sowie die Festlegung der beiden Trockenheitsgrenzen eingeführt ist.

Die absoluten Niederschlagshöhen der Nordabdachung der Insel liegen auch in den trockensten Monaten (Juni—Juli) im Gegensatz zur Südseite über 40 mm, bei hoher Relativer Feuchtigkeit und bei Durchschnittstemperaturen, die auch in geringen Höhen die entsprechenden Temperaturen Südwestdeutschlands trotz der um 15° niedrigeren Breite kaum erreichen (Santana 425 m: Juli 17,3°, Freiburg i. Br. 280 m: 19,2°). Zwar genügen solche Niederschlagshöhen nicht, um anspruchsvolle subtropische Kulturpflanzen wie Taro und Batate ohne künstliche Bewässerung durch den Sommer zu bringen, zur Beurteilung der Naturvegetation aber sind diese Tatsachen sehr wichtig. Die größte Überraschung der neuen Stationen bilden die *enorm großen Niederschlagshöhen der Nordseite* in den mittleren Höhen in allen außersommerlichen Monaten. Der Hauptpaß Encumeada (950 m) verzeichnet einen Jahresdurchschnitt von 2340 mm, der Hof Caramujo (1260 m) sogar 2899 mm. *Ribeiro* zeichnet mit Recht auf seiner Niederschlagskarte auf der Nordabdachung je ein Gebiet in der Ost- und Westhälfte der Insel mit mehr als 3000 mm. Wie man längst ahnt, sind die Niederschlagsmengen der größten Höhen wieder etwas geringer. Der Arieiro (1610 m) verzeichnet aber immerhin noch 2282 mm im Durchschnitt und hat seinerseits Jahre mit mehr als 3000 mm gehabt. Gewiß liegt die Niederschlagshöhe der drei Sommermonate hier fast stets unter 40 mm, aber die Zahl der Regentage beträgt auch in ihnen durchschnittlich noch fünf bis acht, die der Nebeltage sogar sechs bis fünfzehn, bei mittleren Monatstemperaturen von 12—15°. Man darf die Trockenheit der Hochflächen also nicht übertreiben, wie es oft geschehen ist.

Die folgende Tabelle gibt auf Grund der Ausmessung der Windpfeillängen der Quelle 25 die *mittleren Windrichtungen auf dem Meer* im 5°-Feld 30/35° N, 15/20° W, in dessen Mitte Madeira liegt.

Alle Monate zeigen ein sehr starkes Überwiegen der Winde aus N- und NE-Richtung. Im Juli steigt die Summe beider Richtungen auf 3/4 aller Beobachtungen, und selbst im Monat geringster Häufigkeit entfällt auf sie noch über ein Viertel. Madeira liegt sehr oft auf der Ostseite des Azorenhochs. Diese Winde stellen also den *Passat,* bzw. seine Wurzeln dar (*P - Lagen*). Im Winterhalbjahr tritt ein zweites Maximum beim Südwest und West auf. Es rührt davon her, daß in dieser Jahreshälfte nicht selten die Kaltfronten von hoch-

	N	NE	E	SE	S	SW	W	NW	WSt
Januar	13	16	13	12	11	12	12	9	2
Februar	8	19	10	8	8	15	15	13	4
März	12	29	10	5	4	8	15	15	2
April	19	29	8	5	3	9	11	14	2
Mai	20	33	5	3	1	6	12	18	2
Juni	22	40	8	2	2	5	7	11	3
Juli	25	50	6	1	2	2	5	7	2
August	19	46	13	4	1	4	6	5	2
September	15	30	9	4	2	10	13	12	5
Oktober	12	26	12	6	5	9	10	11	5
November	11	20	13	9	5	12	15	13	2
Dezember	13	21	11	8	8	13	10	12	4

Mittlere Windrichtungen im 5°-Feld 30/35° N, 15/20° W, in Prozent der Gesamtzahl der monatlichen Beobachtungen

nördlichen Zyklonen bis in die Breite von 30° herabreichen, oder daß Zyklonen, deren Kerne den Atlantischen Ozean in niedrigeren Breiten queren, das betrachtete 5°-Feld mit der Kalt- wie der Warmfront überstreichen (*T-Lage*).

Auf der Nordseite des hochaufragenden Inselschildes wird der *Passat* zum Aufsteigen gezwungen. Man kann dabei die folgenden drei Typen unterscheiden:

P I. Über den höheren Breiten des Atlantischen Ozeans ist ein zweites Hoch entwickelt, das sich mit dem Azorenhoch verbindet. Dieser Fall tritt besonders häufig und konstant im April und Mai auf. Auf der Ostseite des Hochdruckrückens fließt Kaltluft mit großer Geschwindigkeit nach S. Die Insel wird von ihr überwallt. Die ganze Nordseite ist in Wolken gehüllt, aus denen überall mehr oder weniger kräftige Steigungsregen fallen. Die Windbahnen passen sich natürlich dem Relief an, so daß in den Pässen des Zentralgebietes besonders große Geschwindigkeiten herrschen. Der auf der Südseite herabfallende Wind erwärmt sich, so daß hier Regen nicht oder nur spärlich fällt. Über dem Zentralgebiet sieht man von S her den ganzen Tag lang eine Wolkenmauer, die nachts mitunter verschwindet. Bei sehr kräftiger Entwicklung dieser Lage aber erstreckt sich eine Wolkendecke auch über die ganze Südseite, ja bis zu 20 km weit über das Meer.

P II. Madeira steht nur unter dem Einfluß des Azorenhochs, bleibt aber nach wie vor auf dessen Ostseite. Die Windgeschwindigkeiten sind dann im allgemeinen kleiner, die Temperaturen höher. Regen tritt auf der Nordseite nur in den mittleren Höhen auf. Die Gipfel- und Hochflächenregion bleibt über der Passatinversion und liegt bei Windstille im Sonnenschein. Nur dann und wann werden Wolkenfetzen zu ihr emporgetrieben. Der Passat saugt auf der Südseite Talwinde an, die von S her durch die Talfurchen aufsteigen und sich über den Zentralpässen der passatischen Strömung eingliedern. Diese Lage tritt in allen Jahreszeiten häufig auf.

P III. Vor allem im Hochwinter, wenn ein Luftdruckrücken hinüber zum erkalteten Westafrika besteht, aber auch im Hochsommer liegt Madeira oft im Kernbereich des Azorenhochs. Dann herrschen über der ganzen Insel Windstillen oder nur schwache nördliche Winde. Bei wolkenlosem oder höchstens auf der Nordseite schwach bewölktem Himmel herrscht überall auf der Insel Sonnenschein.

Während somit die P-Lagen der Südseite fast keinen Niederschlag, sondern höchstens eine Wolkendecke bescheren, wirkt sich die *T-Lage* fast überall in kräftigen Regen aus, am wenigsten im äußersten Osten, insbesondere auf der Punta de S. Lourenço, die dann im Regenschatten liegt. Diese zyklonalen Regenfälle sind natürlich in den größeren Höhen besonders ergiebig, da hier die Wirkungen der aerodynamischen Hebung durch die der orographischen vermehrt werden.

Auf Grund dieser kurzen und sicher noch ergänzungsbedürftigen Lagenbetrachtung ergeben sich die folgenden Klimaregionen Madeiras:

1. *Untere Südregion.* Entlang der ganzen Südküste bis etwa 350 m aufwärts (Stationen: Funchal, Ribeira Brava, Madalena do Mar, Lugar de Beixo). Jahresniederschlagshöhe relativ sehr klein (um 600 mm). Wenig reine Steigungsregen. Zyklonale Niederschläge im ganzen Winterhalbjahr, mit Maximum wie überall auf der Insel im November und mit merklichem Nachlassen im Dezember/Januar. Zu allen Jahreszeiten wärmster Teil der Halbinsel. Geringe Jahresamplitude der Temperaturen (Funchal: Febr. 15,2°, Aug. 23,3°, 1921–50; 22,4°). Große Luftfeuchtigkeit zu allen Jahreszeiten. *Maritimes Mediterranklima.*

2. *Obere Südregion.* Überall auf der Südseite oberhalb von 1 bis etwa 1200 m (Sanatorio, Santo Antonio, Montado do Pereiro Canhas, Rabaçal, Ponta do Pargo). Jahresniederschlagshöhe steigt von 750 mm nach oben auf 2000 mm, mit sehr ausgesprochener sommerlicher Trockenzeit. Temperaturen stets niedriger als bei Typ 1, sonst diesem sehr ähnlich. *Mediterranes Höhenstufenklima.*

3. *Untere Nordregion.* Entlang der ganzen Nordküste bis etwa 500 m aufwärts im E über den Portelapaß auf die Südostseite übergreifend (Santana, Loural, Porto Moniz, Machico). Niederschläge zu allen Jahreszeiten mit Minimum im Sommer. Jahresniederschlagshöhe bedeutend größer als bei 1 (1200 bis 1500 mm). Steigungs- und Zyklonalregen. Große Häufigkeit von Nordsturm und Nebel. Niedrige Temperaturen zu allen Jahreszeiten, sehr kleine Jahresamplitude (Santana Febr. 11,8°, Aug. 18,5°). *Passatisches Fußstufenklima.*

4. *Obere Nordregion.* Überall auf der Nordseite oberhalb von 3 bis etwa 1300 m aufwärts (Caramujo, Encumeada, Ribeiro Frio, Queimados, Santo da Serra). Region maximaler passatischer Steigungsregen (1500 bis über 3000 mm). Bewölkungsgrad, Nebelreichtum und Relative Feuchtigkeit in allen Jahreszeiten sehr groß, mit Minimum im Hochsommer. *Passatisches Höhenstufenklima.*

5. *Region der Hochflächen und Gipfel.* (Arieiro Bico da Cana). Die Häufigkeit der Windrichtungen entspricht auffällig der auf dem Meer (Tabelle S. 8), nur Windstillen treten häufiger auf als dort, besonders im Hochsommer. Jahresniederschlagshöhen geringer als bei 4, aber immer noch über 2000 mm, ausgeprägtes Minimum im Sommer. Arieiro: Zahl der Niederschlagstage im Jahr 172, gegenüber 69 in Funchal, der Tage mit Nebel 188 gegenüber 16. Hochsommer sonnenscheinreich und relativ warm (Arieiro Aug. 14,5°, abs. Maximum 29,3°), Hochwinter relativ kalt und schneereich (Febr. + 5,0°, abs. Min. − 2,5°). Jahresamplitude der Tempe-

ratur also relativ groß (9,5°). Thermische Höhenstufe wie in der Peripherie der Iberischen Halbinsel, aber im Gegensatz zu Mitteleuropa im August kleiner als im Februar, was nach dem Gesagten leicht verständlich ist (Santana-Arieiro Aug. 0,33°/100 m, Febr. 0,57°/100 m). *Subtropisch - maritimes Höhenklima.*
6. *Ostregion.* Punta de S. Lourenço und Desertas. *Subtropisch - maritimes Trockenklima,* ganz ähnlich wie auf Porto Santo (S. 22).

Der größte Teil Madeiras besitzt somit ein Passatklima. Nur die Südseite wird aus orographischen Gründen vom Mediterranklima beherrscht. Solche vorgeschobenen Exklaven besitzt das Mediterranklima aus den gleichen Gründen, wenn auch natürlich mit anderen Einzelzügen, auch jenseits seiner Nordgrenze, z. B. in den Gauen La Liebana und Bierzo im Norden der Iberischen Halbinsel, an den Südalpenseen und auf der Krim.

Auf einer Insel, die eine so dicht gedrängte Bevölkerung birgt wie Madeira, kann von der *natürlichen Vegetation,* nach deren Holzreichtum sie einst benannt wurde, nicht mehr viel erhalten sein. Das, was im folgenden gesagt wird, kommt also der Rekonstruktion eines stark zerstörten Bildes gleich. Die Unterlagen für sie bilden die vorstehende Klimadarstellung, die Reste der Urvegetation, Lokalnamen, die sich von Pflanzen herleiten, historische Nachrichten, wie die des Dr. *Gaspar Fructuoso* aus dem Jahr 1590 (22) und die gründliche Untersuchung von *M. Vahl* (Engl. Bot. Jahrb. 36, 1905, S. 253–349), einem ausgezeichneten Kenner der Flora und Vegetation Madeiras.

Sommergrüne Holzgewächse fehlten in der Naturvegetation der niederen Stufen fast völlig. Denn die Winter sind hier warm und schneelos, so daß eine Winterruhe unnötig ist. Auch Zwiebel- und Knollengewächse existieren fast nicht, vermutlich wegen der großen Länge der Vegetationsperiode. Ebenso vermißt man die im Mediterrangebiet so artenreich entwickelten Koniferen mit Ausnahme zweier Wacholderarten und unserer heimischen Eibe. Der langen isolierten Entwicklung der kleinen Insel entsprechend, ist die Flora also nicht artenreich, aber sie bewahrt eben wegen dieser geringen Artenkonkurrenz *alte Zusammenhänge.* Es gibt dort zahlreiche Reliktgewächse, die aus dem Tertiär stammen, in ihm auch auf dem europäischen Festland vorkamen und nahe Verwandte noch heute in weit entfernten Teilen der Erde besitzen. Solche sind der Drachenbaum Dracaena Draco L., die Erikazee Clethra arborea Ait. (folhado), mit weißen, herrlich duftenden Blütenständen, der Madeiralorbeer Persea indica Spreng. (vinhatico), der ein sehr geschätztes rotes, mahagoniähnliches Holz liefert, der bis zu 30 m hohe Stinkbaum Ocotea foetens Benth. (til), der Weiße Eisenholzbaum Sideroxylon Murmulano Banks, Lowe und der ebenfalls baumförmige Apollonias canariensis Nees. (barbusano). Der nächste Verwandte des genannten Drachenbaums wächst auf Sokotra (Dracaena Cinnabari Balf.), andere Clethraarten existieren z. B. auf dem Hochland von Mexiko und in Südbrasilien, die Verwandten des Madeiralorbeers leben, eng an küstennahe Lagen gebunden, im subtropischen Osten von Nordamerika sowie auf der Insel Hongkong, andere Ocoteaarten z. B. in Südafrika, auf Madagaskar und Florida, die übrigen Weißen Eisenholzbäume im südlichen und östlichen Kapland, Westindien, Java, Mauritius und Sokotra, der einzige andere Apollonias an der Südspitze Vorderindiens. Die immergrüne Baumflora Madeiras spannt also ungeheuer weite tropische Beziehungen, die sich in anderen floristischen Bereichen wiederfinden. Charakteristischer Weise besitzen auch die heute noch lebenden Verwandten dieser maderensischen Arten meist nur kleine Verbreitungsareale auf Inseln und Halbinseln. Diese tropischen Beziehungen gehen natürlich auf eine Zeit zurück, in der Madeira selbst ein Tropenklima besaß. Daß das im Helvet der Fall war, beweisen die oben berührten Korallenfunde, während heute die Märztemperatur des Oberflächenwassers um die Insel auf 16,5° sinkt. Die viel diskutierte Frage jedoch, ob im Miozän eine Land-

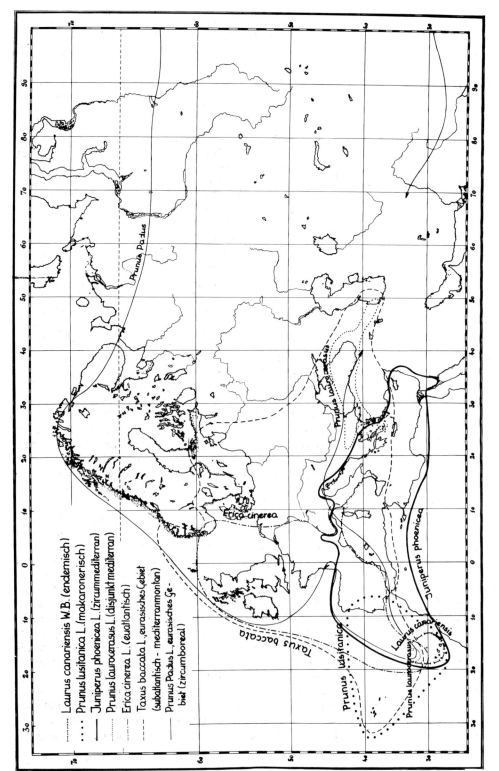

Karte 2. *Verbreitungstypen der Florenelemente Madeiras*, durch je ein charakteristisches Beispiel belegt (entworfen von H. Lautensach)

verbindung zwischen einigen der makaronesischen Inselgruppen und dem Festland existiert hat, ist noch nicht geklärt.

Dieser Reliktcharakter der maderensischen Flora ist natürlich eng mit einem *insularen Endemismus* verbunden, und zu diesem konservativen Endemismus gesellt sich ein progressiver, der zur Bildung teils nur von Subspezies, teils aber auch schon von neuen Spezies fortgeschritten ist. In manchen Fällen beschränken sich die Endemen auf Madeira allein, in anderen umfassen sie auch andere makaronesische Inseln. Als progressiv endemische Holzgewächse seien aufgezählt (Karte 2): Sambucus maderensis Lowe (Holunder), Vaccinium maderense Link (Heidelbeere, uveira da serra), Salix canariensis C. Sm., eine Weide, die die Blätter im trockenen Hochsommer abwirft, die Steinlinde Phillyrea Lowei D C, Ilex Canariensis Poir. (Stechpalme) und Laurus canariensis W. B. (Lorbeer). Die nächsten Verwandten der ersten beiden bewohnen den größten Teil des europäischen Festlandes, die letzten drei betonen die Beziehungen zum Mediterrangebiet.

Etwas weiter reicht das Verbreitungsgebiet der sog. *makaronesischen Pflanzen,* das besonders von *M. Rikli* untersucht worden ist. Ihr Hauptverbreitungsbereich sind ebenfalls die Inseln, aber sie reichen im Osten mehr oder weniger weit nach Südeuropa und Nordafrika hinein. Die meisten beschränken sich hier auf die Säume der Iberischen Halbinsel und die benachbarten Teile Marokkos (Karte 2). Zu den nur 24 Arten dieser Gruppe gehören der immergrüne Strauch Prunus lusitanica L., die kleinblättrige, dem Gagelstrauch verwandte Myrica Faya Ait., die rotbeerige Stechpalmenart Ilex Perado Ait., der sukkulente Hauswurz Sempervivum glandulosum Ait. und der häufig epiphytisch auftretende Farn Davallia canariensis Sm. Insgesamt gehören nach *Vahl* 34% der maderensischen Gefäßpflanzen zur endemischen oder makaronesischen Gruppe.

Man kann dann eine dritte Gruppe ausscheiden, die mehr oder weniger das *ganze Mediterrangebiet* umfaßt. Die Zahl der hierher gehörenden Arten steht an zweiter Stelle (24%). Es seien genannt die beiden Wacholder Juniperus phoenicea L. (Karte 2) und J. oxycedrus L., welch letzterer das Holz für die Decke der Kathedrale von Funchal geliefert hat, der Mastixstrauch Pistacia lentiscus L. und die Terebinthe Pistacia therebinthus L., Myrtus communis L., die unserem Seidelbast verwandte Daphne Gnidium L., die Baumheide Erica arborea L., der Wilde Oelbaum Olea europaea var. oleaster D C und vielleicht auch das heute viel an Bächen gehaltene Spanische Rohr Arundo Donax L., dessen spontanes Vorkommen auf Madeira allerdings unsicher ist.

Einige Holzgewächse, wie der Kirschlorbeer Prunus laurocerasus L., haben *disjunkte mediterran-makaronesische Verbreitungsgebiete* (Karte 2). *Atlantisch - mediterranmontan (Troll)* ist die Verbreitung von Taxus baccata L., und Hedera helix L., welch letzterer man den maderensischen Efeu getrost zurechnen kann und welche beide auch auf Madeira nur in den Höhenstockwerken vorkommen (Karte 2), *subatlantisch (Troll)* die von Erica cinerea L. und Digitalis purpurea L. (Karte 2). Schließlich kommen in den ganz großen Höhen Madeiras einige Holzgewächse, wie die Eberesche Sorbus aucuparia L., die Ahlkirsche Prunus padus L. und die Vogelkirsche Prunus avium L., vor, die ein nord- bzw. mitteleurasisches oder zirkumboreales Verbreitungsgebiet besitzen (Karte 2). So spannen sich von dieser hohen subtropischen Insel floristische Beziehungen einerseits bis zur nördlichen Waldgrenze Eurasiens, andererseits bis zum Kapland, einerseits bis zum Westrand des Pazifischen Ozeans, andererseits bis zum Hochland von Mexiko. Die Pflanzen, die alte tropische Beziehungen besitzen, wachsen vorwiegend an der außerordentlich winterwarmen Südküste, zum Teil auch im Lorbeerwald der Nordseite, diejenigen, die moderne nördliche Beziehungen haben, in den großen Höhen. In den mittleren Höhen, an der Nordseite bis zur Küste herab, dominieren die Pflanzen mit mediterranen Beziehungen.

Den natürlichen Pflanzenformationen Madeiras eignet somit eine recht verschiedene floristische Zusammensetzung.

Die Eigenart und Verbreitung der *Pflanzenformationen* steht in engem Zusammenhang mit den oben unterschiedenen sechs Klimaregionen. Die starken lokalen Abwandlungen sind natürlich durch die Einzelzüge von Relief und Boden bestimmt. In der *Unteren Südregion* dominiert auf lockerem Boden die von *Vahl* so genannte *Andropogon-Trift*. Sie ist nach Andropogon hirtus L. (feno) benannt, einem hohen, weitständige Polster bildenden mehrjährigen Gras mit schmalen, einrollbaren bläulichen Blättern und stark entwickeltem Wasserspeichergewebe. Neben dieser Leitpflanze charakterisieren diese Formation Halbsträucher, Stauden und, besonders zahlreich, einjährige Kräuter. Im Hochsommer schaut überall der ausgedörrte Boden hervor, auf dem in den feuchten Monaten die Annuellen (78%) prächtig grünen und blühen. Die Andropogon-Trift ist der kanarischen Sukkulentensteppe ähnlich und gehört zu *Rübels* Gruppe der Siccideserta (Trockeneinöden). Als häufige Begleitpflanzen seien drei Endeme genannt, der Natterkopf Echium nervosum Dryande, die milchsaftführende Euphorbia piscatoria Ait. und der xerophile Wegerich Plantago maderensis Decne. Zu ihnen gehört auch der Fenchel Phoeniculum officinale L. (funcho), nach dem Funchal benannt ist.

An Felshängen der Unteren Südregion ist eine Assoziation locker stehender niedriger Bäume, Sträucher und Halbsträucher verbreitet, zu denen Myrte, der Wilde Oelbaum, der Phönizische Wacholder, das herrlich duftende, ein aetherisches Oel liefernde Jasminum odoratissimum L., Sideroxylon Marmulano, Apollonias canariensis und Dracaena Draco gehören. Wilde Drachenbäume trifft man noch da und dort, z. B. am Kliff des Kap Garajau in etwa 100 m Höhe. Er gehört gleich dem Halbstrauch Musschia Wollastoni Lowe zu den Federbuschgewächsen, d. h. kandelaberartig aufgebauten Bäumen und Sträuchern, deren Äste von dichten Büscheln federförmiger Blätter abgeschlossen sind. *Rikli* deutet diese Wuchsform als Schutz gegen die mechanische Wirkung des Windes. Die meisten Bäume und Sträucher dieser Assoziation weisen einen hoch entwickelten Verdunstungsschutz auf.

Von 350 m ab zog sich diese xerophile Baumassoziation auf trockene Steilhänge zurück und hörte bald auf. An der unteren Grenze der *Oberen Südregion* setzten Erica arborea und Myrica Faya ein, und es beginnt damit die *Südliche Hangmacchie,* ein immergrüner dichter Bestand aus hohen Büschen und kleinen Bäumen mit meist schmalem Hartlaub. Für diese Assoziation sind weiter charakteristisch: der ziemlich breitblättrige dunkle Kanarische Lorbeer in Strauchform, die Madeira-Heidelbeere, der Kirschlorbeer und Daphne Gnidium. Nach oben zu stellten sich die breitblättrigen Hartlaubbäume Ocotea foetens und Persea indica ein.

Die *Nordseite* wird von der Küste ab in ihren beiden klimatischen Regionen von den großblättrigen immergrünen Laurilignosa völlig beherrscht, und zwar findet sich in der unteren vorwiegend eine Lauraceenmacchie (Laurifruticetum), in der oberen ein Lauraceenwald (Laurisilva). Ökologisch und soziologisch ist die Nordseite Madeiras also mit Florida, Südjapan, Südchile, Kapland und Neuseeland verwandt. In der *Lauraceenmacchie* ist der Kanarische Lorbeer führend, zu ihm gesellen sich Erica scoparia und arborea, Myrica Faya, Sideroxylon Marmulano und die Kanarische Stechpalme.

Die *Obere Nordregion,* das Bereich stärkster passatischer Niederschläge und höchster Luftfeuchtigkeit, wurde einst von dem berühmten *Lauraceenwald* eingenommen, von dem an schwer zugänglichen Hängen noch stattliche Reste übrig sind, während er im übrigen seinerseits zu einer Lauraceenmacchie degeneriert ist. Heute überwiegen die dunklen Wipfel der Kanarischen Lorbeerbäume und die hellen der Baumheide. In den Schluchten gesellen sich zum Lorbeer die Laubheide Clethra arborea, die herrliche Ocotea foetens, eine weitere Lauracee, deren hellgrüne große Blätter sich eindrucksvoll von dem lichtgrauen Stamm abheben, Persea indica, Apollonias canariensis, Ardisia excelsa Ait. (aderno) und Notelaea excelsa Webb (pau branco). Die meisten dieser breitblättrigen immergrünen Bäume können 20–30 m Höhe erreichen. An den den größten Teil des Jahres wassertriefenden Felsen wachsen üppig Farne und Moose. Andere Farne und in den größeren Höhen auch Flechten siedeln auf den Baumästen. Im übrigen ist der Unterwuchs in dem stets dämmrigen Schatten des Lorbeerwaldes sehr spärlich.

Die *natürliche Vegetation der Hochflächen und Gipfel* ist bisher falsch beurteilt worden, da man die Trockenheit dieser Region überschätzt hat. Man hat die jetzt weit verbreitete Rasen- und Krauttrift, die nach der vorherrschenden Schmielenart *Airopsis-* oder *Airapraecox-Trift* genannt wird, für den klimatisch bedingten natürlichen Hauptpflanzenverein gehalten. Nach den oben mitgeteilten Temperatur- und Niederschlagswerten des Arieiro ist es aber klar, daß das Klima für holzige Gemeinschaften weder zu sommertrocken noch zu winterkalt ist. Auf den Hochflächen sind nun bis zu 1700 m aufwärts dichte, bis zu 6 m hohe, oft fast einartige Bestände der immergrünen, im Winter rot verfärbten Madeira-Heidelbeere zwischen die Matten eingestreut, mit scharfen Grenzen und an Stellen, die unmöglich natürlich erklärt werden können. Diese *Heidelbeer-Höhenmacchie* dürfte der klimabedingte Pflanzenverein der Hochflächen gewesen sein. Reichlicher als heute dürften ihm früher andere Sträucher angehört haben, so Erica cinerea und scoparia, Ilex canariensis, Taxus bacata, Berberis maderensis Lowe sowie als sommergrüne Holzgewächse Sambucus maderensis und Sorbus aucuparia. Die Köhlerei hat diese Höhenmacchie in ihrer Verbreitung ungeheuer reduziert, und die Kleinviehweidung hindert auf weiten Flächen ihr Wiederaufkommen. Durch diese anthropogenen Einflüsse sind die Grastriften und die ausgedehnten Bestände des Adlerfarns, die die Hochfläche des Paúl de Serra bedecken, entstanden oder zum wenigsten herrschend geworden. Die steilen kahlen Hochgipfel tragen da und dort heute noch verkrüppelte einzelne Exemplare der Baumheide und der Eberesche.

Die *Vegetation der Ostregion* ähnelte einst der von Porto Santo (S. 22).

Stärker noch als die Heidelbeermacchie und der Lauraceenwald sind die übrigen Pflanzenformationen durch *anthropogene Vereine* ersetzt worden. Von der Hartlaubmacchie der Oberen Südregion sind nur ganz spärliche Reste übrig. An ihrer Stelle steht heute größtenteils ein Wald aus der westmediterranen, schnell wachsenden Seestrandkiefer (Pinus maritima Lam.). Diese ist in Portugal der wichtigste Waldbaum, wurde aber erst am Ende des 18. Jahrhunderts nach Madeira gebracht. Wie dort ist sie oft neuerdings mit dem australischen Eucalyptus globulus Labil gemischt, und der Bodenwuchs besteht aus dem zu Anfang des 19. Jahrhunderts eingeführten Stachelginster Ulex europaeus L. (hier carqueja genannt), den hohen im April – Mai über und über mit eigelben Blüten bedeckten Büschen des ebenfalls portugiesischen Cytisus scoparius Link und dem Adlerfarn. Es handelt sich also um eine künstliche Assoziation, die in Zusammensetzung wie Bewirtschaftung völlig dem Wald der Landschaft Minho gleicht. Diese ist die am stärksten bevölkerte des Ursprungslandes und hat einen sehr großen Teil der Einwanderer geliefert. Die *Kiefernwälder* beschränken sich nicht auf die obere Südregion, sondern ziehen sich in einem Höhenring rund um die Insel, mit Unterbrechungen an den besonders steilen Abstürzen der Nordseite. Am breitesten ist dieser Ring auf der Tuffhochfläche von Santo da Serra im SE und oberhalb von Santana im NE entwickelt, hier im Unterwuchs auch die Baumheide und die Madeira-Heidelbeere enthaltend.

Ebenfalls aus Nordwestportugal ist 1803 die *Stieleiche* (Quercus pedunculata Ehrh.)

Eine länderkundliche Skizze des Archipels

eingeführt worden. Sie hat eine überraschend weite Verbreitung gefunden. Als sommerlich lichtgrüner Schmuckbaum bildet sie an der Südküste Alleen in Funchal und Gruppen in Santa Cruz. Andererseits existieren reine Bestände bei Camacha in 700 m und gemischte Lorbeer-Eichenwälder im Tal der Ribeira da Janela bis zu 1300 m Höhe. In der unteren Südregion allerdings kränkelt dieser euryatlantische Baum, soweit er nicht im Sommer künstliche Bewässerung empfängt.

Die Steilhänge dieser Region, insbesondere die Kliffs, haben sich subspontan mit *Sukkulentengebüschen* aus Opuntia Tuna Mill. (tabarba), Agave americana L. (pita) und Aloe arborescens Mill. bedeckt, die ein wichtiges Viehfutter liefern. Die Opuntie dient noch heute da und dort der Züchtung der Cochenillelaus.

Die beiden natürlichen Pflanzengemeinschaften der Unteren Südregion sind fast völlig verschwunden. An ihre Stelle ist eine *Fußstufe tropisch - subtropischer Plantagengewächse* getreten. Nachdem die Kultur des Kaffeebaums um 1900 aufgegeben worden ist, sind die bei weitem wichtigsten die Banane und das Zuckerrohr. Die Anbaufläche der ersteren ist in Ausdehnung, die des letzteren in Schrumpfung begriffen. Es werden zwei *Bananenarten* angebaut, vor allem die nur 2–2,5 m hohe Zwergbanane Musa Cavendishi, daneben auch die bis 7 m hohe Silberbanane Musa sapientum. Der Bananenbau bildet die thermisch anspruchsvollste Kultur und konzentriert sich daher auf die Muschel von Funchal einerseits, die fajas der Südwestküste andererseits. An der Nordküste fehlt er mit Ausnahme eines geringfügigen Vorkommens bei Porto da Cruz gänzlich, und dieser Zug des kulturgeographischen Bildes betont auffällig die Klimaverschiedenheit der beiden Seiten. Die 300 m-Höhenlinie wird auch bei Funchal nicht überschritten. Im Schatten der Bananenhaine, die auf das sorgfältigste gehackt, gedüngt und bewässert werden, wird höchstens etwas Kohl oder Kartoffeln gebaut. Die Umtriebsdauer beträgt etwa zwanzig Jahre. Die Ernte erfolgt im allgemeinen dreimal im Jahr. Sie wird größtenteils vom festländischen Portugal aufgenommen (1947: 9000 t).

Das *Zuckerrohr* ist die früheste Plantagenkultur der Insel gewesen, die in deren Wirtschaftsgeschichte stets eine hervorragende Rolle gespielt hat. Aber heute wäre sie ohne Zollschutz der Konkurrenz der farbigen Erzeugungsgebiete nicht mehr gewachsen. Das Zuckerrohrsoll für 1950 ist auf 40 000 t festgesetzt, wovon 36 000 t zur Gewinnung von Zucker und medizinischem Alkohol, 3 800 t zur Produktion von Branntwein und 200 t zur Honigbereitung bestimmt sind. Die Blätter dienen als Viehfutter und Streu. Man baut heute gelbe Stauden aus Natal und violettbraune aus Java. Die Umtriebszeit beträgt im allgemeinen zehn Jahre. Auch der Zuckerrohrbau konzentriert sich vorwiegend auf die Untere Region. Der Schnitt vollzieht sich von März bis Mai. Die Destillationsanlagen für Branntwein sind über die Erzeugungsregion verbreitet. Die Zuckergewinnung dagegen vollzieht sich heute ausschließlich in der modernen Fabrik von Funchal, die alljährlich sechzig Tage ununterbrochen arbeitet. Die Stauden werden jetzt größtenteils auf Lastwagen zur Fabrik befördert, zum kleineren Teil vollzieht sich der Transport noch auf den alten Ochsenschlitten oder zu Schiff von den kleinen Häfen aus, zu denen das Rohr von Trägerkolonnen auf steilen Pfaden herabgeschafft wird.

Der *Weinbau* bildet die dritte Kultur der untersten Region. Nach Ausdehnung und Erzeugungswert nimmt er den ersten Platz ein. Er reicht auf der Südseite bis 500 m empor, hat sich aber auch auf den jungen Lavaströmen und Bergsturztrümmern der Nordseite intensiv entwickelt, wo er aus klimatischen Gründen aber nicht über 200 bis 300 m emporsteigt. Das Hauptgebiet ist die Muschel von Funchal, und insbesondere die Kreise Camara de Lobos und Estreito. Bis zu den Verwüstungen durch das Oidium (1851) und die Phylloxera (1872) wurden die Weinreben wie in Nordwestportugal größtenteils an

Stützbäumen, hier insbesondere Kastanien, gehalten. Heute bilden die Weinlauben die bei weitem gebräuchlichste Haltungsart. Auf ihrem Boden werden Kartoffeln, Süßkartoffeln und Gemüse, ja Taro und Zuckerrohr angebaut. Auf der Nordseite werden sie durch Steinmauern und Hecken gegen die Stürme geschützt. Die Weinlese vollzieht sich von Ende August ab. Die Trauben werden nach alter mediterraner Sitte mit den Füßen ausgetreten, und der zur Herstellung des Madeira bestimmte Most wird zu Schiff, auf Ochsenschlitten oder auf den Schultern in Ziegenhäuten (borrachos) zu den Weinkellern der großen britischen und portugiesischen Exporthäuser in Funchal befördert. Hier wird er fermentiert, mit Temperaturen von 40–60° behandelt und durch Zusatz von Branntwein zum vinho generoso (Edelwein) gemacht. Durch Vermischung verschiedener Sorten und lange Lagerung erhält der Madeira schließlich seine berühmten Endformen.

Über dem Stockwerk der tropisch-subtropischen Kulturen dehnt sich auf Madeira überall ein *Stockwerk des vorwiegenden Getreide-, Hackfrucht- und Futteranbaus.* Seine wichtigsten Elemente sind, in absteigender Folge geordnet: Süßkartoffeln, Kartoffeln, Weizen, Bohnen und Gemüse. Spezialkulturen, die in begrenzten Bereichen hervortreten, sind: Taro (bis 600 m!, besonders um Santana), Mais (Nord und Nordwestseite), Zwiebeln (Südosten), Gerste, Hafer, Roggen, Tomaten, Flachs, Lupinen. Die meisten dieser Anbaupflanzen reichen weit in das untere Stockwerk hinab. Die obere Grenze liegt in 600–800 m. Dieser Anbau erfolgt in einer großen Zahl sorgfältig den lokalen Boden- und Klimaverhältnissen angepaßter Rotations- und Zwischenbausysteme, die an Vielfältigkeit den ostasiatischen nicht nachstehen. Ein häufig gewähltes Zwischenbausystem ist das folgende: zuerst Süßkartoffeln, die am spätesten, d. h. nach sechs bis neun Monaten reifen, dann Kartoffeln und schließlich Kleine Bohnen, Kohl, Pferdebohnen (13, S. 10 f.) Bei Santana beobachtete ich einmal den Zwischenbau so ungeheuer verschieden beheimateter Pflanzen wie Taro und Flachs, ein anderes Mal die vierfache Gemeinschaft von Kartoffeln (gleich den Weinreben mit Kupfersulfat-Kalkmilch gespritzt), Bohnen, (an Stangen von Spanischem Rohr emporgerankt), Kohl, Mais. Am vielfätigsten sind die Zwischenbausysteme in den unteren Lagen dieses Stockwerks, in denen die Felder künstlich bewässert werden. Auf solchen Feldern werden auch in Rotation drei Ernten im Jahr erzielt. Die unbewässerten, hochgelegenen Felder der Südseite dagegen, die vorwiegend dem Anbau der nördlichen Getreidearten dienen, liefern im Jahr nur eine Ernte und ruhen wie im Mittelmeergebiet während der sommerlichen Trockenzeit.

Über dem Stockwerk der Ernährungs- und Futtergewächse folgt das der *Reutbergwirtschaft.* Es wird von dem oben geschilderten Seestrandkiefernwald beherrscht, der auf der Südseite bis über 1200 m emporreicht, im N dagegen bei höchstens 900 m endet. Er dient der Brenn- und Nutzholz- sowie der Streugewinnung. In Privatbesitz befindliche Stücke unterliegen häufig einer Kiefer-Getreidewechselwirtschaft. Nach dem Fällen der Bäume brennt man die Büsche ab und bearbeitet den Boden mit dem Hakenpflug oder der Hakke. Dann wird eine Mischung von Getreide- und Kiefernsamen gesät. Im ersten Jahr schneidet man die reifen Ähren in der Höhe ab, um die aufkeimenden Kiefern nicht zu verletzen. Die Kiefern werden dann im Lauf von acht bis neun Jahren als Brennholz oder Bohnen- bzw. Weinlaubenstangen benutzt. Dann beginnt die gleiche Bewirtschaftung von neuem. Dasselbe Verfahren erfolgt mit einer Mischung von Ginster- und Getreidesamen. Der Ginster ist als Stallstreu sehr hoch geschätzt. Die solcher Wirtschaft unterworfenen Stücke heben sich an den Hängen sofort durch ihre schmalen, in der Richtung der Böschung gestreckten Rechtecke heraus. Auch die Lauraceenwälder und -gebüsche der Nordseite unterliegen trotz staatlicher Verbote immer noch erneut schädigenden Eingriffen der holzhungrigen Bevölkerung.

Das oberste Stockwerk, das mit der klimatischen Höhenregion zusammenfällt, ist die Stätte extensiver Ziegen- und Schaf-, ja Schweinezucht, die oft unbeaufsichtigt erfolgt. Die Schweine verwildern und werden von ihren Besitzern geschossen.

Über die beiden unteren Stockwerke ist eine Fülle von *exotischen Fruchtbäumen und farbenprächtigen Schmuckgewächsen* verteilt, die sich in den Parks und Gärten der Stadt und Muschel von Funchal konzentrieren und allenthalben ein außerordentlich wesentliches Element der Kulturbereiche darstellen. Ihre Herkunftsgebiete reichen aus Mitteleuropa bis nach Australien, von Japan bis nach den beiden Amerika. Noch stärker als durch die natürliche Pflanzenwelt wird durch sie die einzigartige ozeanische Mittlerlage Madeiras zwischen der gemäßigten Zone und den Tropen betont. Zu ihnen gesellen sich einheimische Bäume, wie der Drachenbaum, die aus ihren natürlichen Verbänden nahezu verschwunden sind, aber als Schmuckgewächse eine liebevolle Pflege gefunden haben.

Als *tropische Bäume,* deren Früchte neben Gemüsen, Knollengewächsen, Blumen und Fischen die Markthalle von Funchal füllen, seien genannt: die bis 10 m hohen Anonabäume, darunter Anona cherimolia Mill., die in Peru beheimatet ist, der ostindische Mangobaum (Mangifera indica L.), die öl- und zuckerreiche Advokatenbirne (Persea gratissima Gärtn.), die von den Antillen stammende Passiflora edulis Siems. (maracuja), der bis 6 m hohe, im tropischen Amerika heimische Gemeine Melonenbaum (Carica papaya L.), die Kirschmyrte Eugenia brasiliana (pitanga) mit scharlachroten, kirschähnlichen, säuerlich schmeckenden Steinfrüchten und der Guavebaum Psidium littorale (araça). Die *subtropischen Fruchtbäume* sind besonders durch den Feigenbaum (Ficus carica L.), der von den Bauern in 100—400 m Höhe gern gepflanzt wird, und die Japanische Mispel (Eriobotrya japonica Lindl.) vertreten, während der Ölbaum fehlt und die Apfelsine das Klima schlecht verträgt. In 400—800 m trifft man Edelkastanien, Birnen- und Apfelbäume, welch letztere einen geschätzten Cider liefern.

Eine üppige Fülle von *Blüten* ist das ganze Jahr hindurch über die tieferen Regionen der Insel ausgegossen. Die Bevölkerung findet trotz ihres selten schweren Lebenskampfes noch die Muße zur Pflege von Anmut und Schönheit. Die meisten Häuser sind von Blumen umgeben. Verwilderte Callas und Lilien trifft man überall in der Nähe der Einzelhöfe. Hecken aus Hortensien begleiten die Bewässerungskanäle und Chausseen, Buchsbaum- und Efeuhecken finden sich noch bis 1400 m Höhe (Poiso). Eine grandiose Steigerung erfährt dieser Landschaftszug in den öffentlichen und privaten Parks. Es seien einige dem persönlichen Geschmack entsprechende Zusammenstellungen herausgegriffen: die Bäume Jacaranda mimosaefolia D. Don. (Brasilien, Blüten, violett-blau), Grevillea robusta (Australische Seideneiche, orange) und das rotgelb blühende kletternde Geißblatt Lonicera Hildebrandtiana (Funchal); Stieleichen, Kampferbäume, Washingtonia- und Livingstonapalmen (Funchal); die Klettergewächse Bougainvillea spectabilis Willd. (Hochblätter lilafarben, Brasilien) und Tecoma jasminoides Juss. (mit großen, prächtigen weißen Blüten), deren Ranken sich gemeinsam über Mauern und Felsen ergießen (Funchal); Stieleichenwald mit australischen Baumfarnen (Senhora do Monte bei Funchal, 545 m); Stieleiche, Korkeiche, Steineiche, Magnolien, Rhododendren, Stechpalme, Eibe, Blutbuche (Camacha, 700 m).

Während die extensive Kleinviehzucht nach mediterraner Weise außer Verbindung mit dem Landbau steht, bildet die intensive *Rinderzucht* ein äußerst wichtiges Glied in der Kette der landwirtschaftlichen Zusammenhänge (1942: 36 800 Stück, davon 92% weibliche Tiere). Im Gegensatz zum Mittelmeergebiet ist die Summe der Rinder und Schweine wesentlich größer als die der Schafe und Ziegen. Auf Madeira sind die Kühe Maschinen, die Butter für die Ausfuhr und Dünger für das Feld liefern. Man sieht sie kaum im Freien, denn die bis zum letzten intensiv genutzte Agrarlandschaft verträgt keine Weidetiere. Sie leben in engen Ställen, die oft weit verteilt mitten zwischen den Feldern stehen und in denen sie zweimal des Tages mit Abfällen der landwirtschaftlichen Erzeugung gefüttert werden. Man spart in diesem gebirgigen Lande Kraft und Zeit, wenn man sie in nächster Nähe der Stätten hält, wo ihre Nahrung wächst und wo der Dünger gebraucht wird (2).

Die immer wiederholte Düngung der Felder ist um so notwendiger, als die natürlichen *Böden* einer intensiven Kultur nicht günstig sind. Die Bauern unterscheiden vier Bodenarten. Unter salão versteht man halbzersetzten Basalt, in dem wegen der Steilheit der Hänge und der daraus folgenden Schnelligkeit der Massenversetzung nur die unteren Horizonte des vollständigen Bodenprofils entwickelt sind. Massapez (brasil. Wort) ist eine tonige Roterde, die sich unter Vermittlung der Vegetation aus Basalt oder Tuff gebildet hat. Pedra Mole geht aus dem Massapez durch lange Agrarnutzung hervor und ist durch reichlichen Humus dunkel. Die poeira schließlich ist ein extrem feiner Tonboden, der durch seine in trockenem Zustand pulvrige Beschaffenheit die künstliche Bewässerung erschwert (8). Alle Böden sind arm an Kalk und daher von Natur sauer. Man vergrößert den pH-Wert durch Düngung mit gelöschtem Kalk.

Die ungeheure Bevölkerungsdichte wird größtenteils vom Landbau getragen. Da flachgeneigte Böschungen sehr selten sind, werden Hänge von unglaublicher Steilheit agrarisch genutzt. Die aus Basaltblöcken gebauten Stützmauern (poios) sind also für die beiden unteren Stockwerke ein fast überall auftretendes Landschaftsmerkmal. Die Felder sind daher um so kleiner, je steiler die Böschung ist, und manchmal ist die von den schrägen Mauern eingenommene Fläche größer als die landwirtschaftlich genutzte, stets ihrerseits noch geneigte Terrassenfläche. Der Bau und die Unterhaltung der Mauern sind ebenso mühsam wie die Düngung, Bearbeitung, Bepflanzung und Aberntung der Feldchen. Diese sind meist so klein, daß die Anwendung des Pfluges unmöglich ist. Das Hauptwerkzeug ist eine eiserne Spitzhacke (enxada). Nur auf den Hochflächen von Ponta do Pargo und Santo da Serra wird der von Kühen gezogene Hakenpflug benutzt. Im übrigen vollzieht sich die gesamte *Landarbeit* mit der Hand. Es ist also eine ungeheure Summe mühseligster Menschenarbeit, die immer erneut in der Agrarlandschaft Madeiras investiert wird. Der Kinderreichtum stellt zwar landwirtschaftliche Kräfte stets erneut in dem notwendigen Umfang zur Verfügung, aber er bleibt Ursache einer ungemein bescheidenen *Lebenshaltung*. Die hochwertigen Erzeugnisse des Bauern, Wein, Zucker, Bananen, Zwiebeln, Edelgemüse, Eier und Vieh, werden zum städtischen Verbrauch oder zur Ausfuhr nach Funchal verkauft. Man begnügt sich mit Magermilch, Weizen- und Roggenbrot, Gersten- und Kohlsuppe. Da ein großer Teil der Agrarfläche für die Ausfuhr arbeitet, genügt die Eigenerzeugung an Weizen und Mais nicht für die Ernährung, und es ist eine stattliche Einfuhr notwendig (2).

Zuckerrohr, Bananen, Taro, Mais, Süßkartoffeln, Gemüse und viele andere Gewächse bedürften einer intensiven *künstlichen Bewässerung*, um durch den auf der Südseite extrem trockenen Hochsommer zu kommen. Der aus abwechselnden Basaltdecken, Schlakken- und Tuffschichten aufgebaute, kräftig beregnete Schild bildet einen ungeheuren Wasserspeicher, besonders auf der Nordseite. Ein seit dem 15. Jahrhundert mit rastlosem Fleiß eingerichtetes, dem Relief aufs feinste angepaßtes System von Berieselungskanälen sammelt dieses Wasser und führt es jeder Terrasse zu. Die der eigenen Ernährung dienenden Zerealien und die Weinlauben werden bei genügendem Anfall von Wasser mitberieselt. Man unterscheidet die nahezu horizontalen *"levadas"*, die das Wasser der Bäche und Fälle ableiten und in vielen Windungen an den Hängen entlangführen, von den dem

Gefälle folgenden Zu- und Abflußrinnen. Der Querschnitt der ersteren beträgt maximal 50–70 cm. Häufig sind sie mit unglaublicher Kühnheit in ausgesprengten Gängen an senkrechten Felswänden entlang geführt, vorspringende Rippen durch Tunnel (furados) querend. Sie sind sämtlich auszementiert. Da die Nordseite mehr Wasser zur Vefügung hat und weniger benötigt, wird ein Teil zur Südseite hinübergeleitet. So wird das Wasser der oberen Ribeira da Janela durch zwei furados von 600 bzw. 500 m Länge den Feldern der Südwestseite zugeführt. Die großartigste Anlage dieser Art ist das 130 km lange System der Levadas do Juncal, do Furado und da Serra do Faial, das die Wasser der Nordostseite von der Ribeira Seca an sammelt und um den Zentralstock über Osten herum bis in die Muschel von Funchal leitet. Allein die Gesamtlänge der levadas beträgt 1000 km. Die Felder "oberhalb des Wassers" liegen im Sommer brach. Die wasserrechtlichen Verhältnisse bei den älteren levadas sind Jahrhunderte alt und der rationellen Nutzung nicht immer förderlich. Ein großer staatlicher Plan für die Erweiterung der Bewässerungsflächen und die Vereinheitlichung des Wasserrechts ist in Ausführung begriffen. Die Bewässerung beginnt im allgemeinen am 1. Mai und rückt im ersten Gang von oben nach unten bis zur Küste bzw. dem oberen Kliffrand vor. Die Zwischenzeit (giro) zwischen den verschiedenen Gängen dauert im Durchschnitt zehn bis fünfzehn Tage (2,1). Manche Kulturen, wie Taro und Zuckerrohr, werden auch im Winter berieselt.

Die Terrassierung bringt eine *extreme Kleinnutzung* des Bodens mit sich. Es gibt Feldstücke, die nur 12–15 qm messen. Ein Bauer bewirtschaftet also eine mehr oder weniger große Zahl dieser Stücke. Die hohe Erträge abwerfenden Stücke, insbesondere im untersten Stockwerk, werden von Pächtern (colonos) bearbeitet. Die Zahl der Besitzer ist wesentlich kleiner als die der Pächter, beträgt aber immer noch durchschnittlich 257 auf 1 qkm Nutzfläche. Das *Pachtsystem* (colonia) ist meist das der Halbpacht. Seine Schwere wird dadurch gemildert, daß der Pachtvertrag stillschweigend zu gleichen Bedingungen unbestimmte Zeit weiterläuft und daß der Besitzer im Fall der Kündigung die von dem Pächter an den Grundstücken angebrachten Verbesserungen in bar bezahlen muß. Auch erstreckt sich die Ablieferungsverpflichtung nicht auf die Nebenprodukte. Immerhin lebt der Pächter ständig in der Angst vor Kündigung. Diese ist eine der wichtigsten psychischen Ursachen für die Auswanderung (2).

Vom gesamten Inselareal entfallen 30,9% auf Kulturland, 16,3% auf einheimische Macchien und Lauraceenwälder, 23,2% auf Wälder aus eingeführten Baumarten und 29,6% auf Hochweiden und Ödland (vorwiegend Felshänge). Das Kulturland macht also fast ein Drittel des Gesamtareals aus. Das bedeutet einen sehr hohen Wert auf einer so gebirgigen Insel. Rechnet man die Fläche der Stützmauern ab, so bleibt eine produktive Agrarfläche von einem Viertel. Auf sie bezogen, ergibt sich die wahrhaft ostasiatische Bevölkerungsdichte von 1356 E/qkm (vgl. S. 3)! Das Kulturland besteht aus 2,2% Bananenpflanzungen, 5,3% Zuckerrohr, 8,0% Weinreben, 28,2% stark bewässerter Nährfläche, 35,8 % schwach oder nicht bewässerter Nährfläche und 20,5% Gehölz inmitten der Felder, 43,7% des Kulturlandes bzw. 13,5% des Inselareals sind somit künstlich berieselt. Das sind Bewässerungszahlen, die den höchsten Provinzwerten der Iberischen Halbinsel entsprechen.

Die schwierige Ernährungslage erfährt eine gewisse Erleichterung durch den *Fischfang*, dessen Produkte größtenteils auf der Insel verbraucht werden. Da der Schelf schmal ist, vollzieht sich ein nicht unwesentlicher Teil des Fangs in Tiefen von 1500–2000 m, und zwar mit Hilfe von Leinen, an denen Angelschnüre befestigt sind. Der Netzfang auf dem Schelf wird oft bei Nacht von staatlichen Flotillen mit Hilfe heller Laternen betrieben, deren Schein die Fische anlockt. An der Nordküste gibt es nur zwei Fischereihäfen, Porto

Moniz und Porto da Cruz, und bei dem so häufigen hohen Seegang müssen die Fischer hier oft lange Zeit feiern. Die Südküste dagegen liegt im Passatschutz, der von E her durch die Mauer der Desertas noch verstärkt wird. Infolgedessen folgt hier an den Fluß- und Bachmündungen von Paul do Mar bis Machico ein Fischereihafen auf den anderen. Camara de Lobos ist der erste unter ihnen, landet seine Fänge jedoch großenteils in Funchal, dem Hauptverbrauchszentrum. Der Schwarze Schwertfisch (Aphanopus carbo), der in Tiefen von mehr als 800 m lebt, steht an erster Stelle (35% des Fanggewichts). An zweiter Stelle folgen die fünf Thunfischarten (27%), an dritter die Stichlingart Trachurus trachurus (chicharro, 16%). Der Fang des sehr begehrten Pottwals (Physeter catodon, 11%) wird mit Hilfe kleiner gebrechlicher Hochseeboote von Funchal aus getätigt. Die Sardine spielt eine viel geringere Rolle als an den Küsten des portugiesischen Festlandes. An der Ponta da Cruz westlich von Funchal liegt die einzige Fabrik für Thunfischkonserven. Fischer und Jäger sind es übrigens auch, die gelegentlich auf den Desertas landen.

Da Bodenschätze völlig fehlen, ist die *Industrie* schwach entwickelt. Von der in Funchal zentrierten Rohrzuckergewinnung und Weinbereitung ist oben gesprochen. Viel wesentlicher ist die Stickerei, ein dem Landleben eng angepaßter Erwerbszweig. In Zeiten günstigster Konjunktur beschäftigt sie bis zu 70 000 Personen, ist jedoch als Luxusindustrie schweren Krisen ausgesetzt. In einer solchen befindet sie sich seit zehn Jahren erneut. Der größte Teil der mühsamen Arbeit erfolgt in den Heimen, und überall sieht man fleißige Frauen und Mädchen stickend in den offenen Türen sitzen. Eine Heimarbeit ist auch die Korb- und Stuhlflechterei, für die Camacha ein wichtiges Zentrum darstellt. Allenthalben stehen an feuchten Plätzen Sträucher und Stümpfe der eingeführten Korbweide (Salix viminals L.), vor allem in den mitteren Höhen.

Die Portugiesen, die unter der Initiative Heinrichs des Seefahrers die Inselgruppe von 1425 an bevölkerten und entwickelten, fanden dieselbe leer vor, und es haben sich auch nirgends ältere Spuren menschlicher Tätigkeit gefunden. Die ersten Siedler setzten sich auf Porto Santo fest (22). Von dort haben sie das klimatisch und pflanzengeographisch sehr ähnliche Südgestade der Hauptinsel erreicht. Die ersten Gründungen waren Machico, Santa Cruz, Canico, Funchal und Câmara de Lobos, in denen die stattlichen Renaissancekirchen noch an diese erste Phase der Kolonisierung erinnern. Die Siedler kamen besonders aus dem übervölkerten Minho und aus Algarve, dem Heinrich der Seefahrer sein besonderes Interesse widmete, und viele geschilderte Einzelzüge der Kulturlandschaft erinnern noch heute an diese Herkunft.

Heute hat jede Einwanderung aufgehört. Die ständige Vermehrung der Inselbevölkerung ergibt sich ausschließlich aus dem *natürlichen Wachstum*. Die Geburtenhäufigkeit hat den ungeheuren Wert von 30,2 °/oo, die Sterblichkeit beträgt 15,6 °/oo, so daß sich ein Geburtenüberschuß von 14,4 °/oo ergibt (Mittel 1938/47 nach 2, S. 141). Da dieser nicht voll ernährt werden kann, ist eine stattliche *Auswanderung* die Folge. Zahl der Auswanderer und Ziel sind großen Schwankungen unterworfen. 1920, unter dem Druck der Krise nach dem ersten Weltkrieg, wanderten 6500 Menschen aus (36 °/oo), 1945 2700 (11 °/oo), 1942 und 43 dagegen nur je 200 (0,8 °/oo). Seit 1920 hat die Auswanderungsquote die Geburtenüberschußquote nie mehr erreicht, so daß die Inselbevölkerung also ständig weiterwächst. Trotz der Erleichterungen, die die nunmehr zwanzigjährige Periode stetiger innerpolitischer Entwicklung der Insel gebracht hat, bleibt das *Leben der Bauern* fortgesetzt hart und ärmlich. In einem so gebirgigen Land ist jeder längere Weg mit Auf- und Abstiegen von Hunderten von Metern verbunden, und bei weitem der größte Teil der Transporte, z. B. der Milch zur Molkerei, des Getreides zur Mühle, der Trauben zur Kelter, des Düngers auf die Felder, der Ernten und des Brennmarterials in die Häuser, vollzieht sich nach wie vor in schweren Lasten bis zu 75 kg auf den Schultern. Der gebückte Gang der Träger und Trägerinnen ist sogar in die Volkstänze übergegangen.

Die Menschen wohnen daher der nährenden Scholle so nahe wie möglich. Die Karte der *Bevölkerungsverteilung* (Karte 1) ist der der Bodennutzung sehr ähnlich. Die Bevölkerung drängt sich in den beiden unteren Stockwerken und besitzt damit eine periphere Verbreitung. In den beiden oberen finden sich nur ganz wenige ärmliche Einzelhöfe, Rastplätze und staatliche Gebäude (Forstverwaltung, meteorologische Stationen). Die Verschiedenheit der beiden Inselseiten, die sich in allen länderkundlichen Zügen offenbart, prägt sich in der Bevölkerungsverteilung ganz besonders deutlich aus. 85% wohnen auf der Südseite, und nur 15% auf der Nordseite (2). Die Neigung, so nahe wie möglich bei der Scholle zu wohnen, hat die *Streusiedlung* zur Folge. Überall sieht man die Wohnstätten und Ställe über die grünen terrassierten Hänge verteilt. Eine Verdichtung zu geschlossenen, eng gebauten Wohnplätzen erfolgt in den Talkesseln des Innern und besonders an den Bachmündungen und auf den fajas des Südens. Auf den Kämmen der jungen Lavaströme von Porto da Cruz hat sich eine topographisch bedingte Reihensiedlung entwickelt. Es gibt zwei grundverschiedene bäuerliche *Haustypen*. Der ältere besteht in einem strohgedeckten winzigen Holzhaus. Das Strohdach reicht an den Längsseiten bis an den Boden. Die Rückseite ist abgewalmt. Die Vorderseite besitzt einen Giebel. Rechts und links der schmalen Tür ist mitunter je ein kleines Fenster angebracht. Das Stroh zur Bedachung, die alle vier Jahre erneuert wird, gewinnt man durch Ausreißen der Weizenhalme. Mitunter ist in einem halb unterirdischen Kellergeschoß die Kuh untergebracht. Häufig steht der Stall gleich Küche und Speicher, aber auch getrennt. Dieser Typ bildet auf der Nordseite noch heute die Regel. Auf der wohlhabenderen, dem Verkehr besser erschlossenen Südseite überwiegt das ein- bis zweistöckige abgewalmte Steinhaus mit frischroten Ziegeln und strahlend weißen Wänden.

Der Trägerverkehr vollzieht sich auf schmalen Pfaden, die oft aus endlosen Treppengängen bestehen und an schwindelerregenden Abgründen vorbeiführen. Eine höhere Phase der *Verkehrsentwicklung* stellen die "Alten Wege" (caminhos velhos) dar. Es handelt sich um breitere Verbindungen für den Fernverkehr, die mit Basaltgeröllen gepflastert und an steilen Stellen mit gerundeten Stufen versehen sind. Sie umziehen die ganze Insel, in ständigem Auf und Ab über den Hochkliffs entlangführend und in die tiefen Täler hinabtauchend. Wege dieser Art übersteigen auch die Hochpässe und stellen die Verbindungen der beiden Inselseiten her. Schwere Lasten werden auf ihnen mit dem Schlitten (corca) befördert, der von einem Kuhpaar gezogen wird. Da jedoch der Milchertrag der Kühe durch solche Anstrengung geschmälert wird, überwiegt auch auf den caminhos velhos der Verkehr der Trägerkolonnen. Nur auf den Hochflächen von Ponta do Pargo und Santo da Serra sieht man auch den nordportugiesischen Scheibenräderwagen. Die neueste Entwicklung, die 1928 eingesetzt hat, besteht in ausgezeichneten, windungsreichen, basaltgepflasterten Autostraßen, deren Bau noch im Gange ist. In vielgewundener Führung werden von ihnen schon drei der Hauptpässe gequert (Encumeada 1007 m, Poiso 1412 m, Portela 592 m). An der Nordküste werden diese Straßen in die Kliffs gesprengt und in Tunnels unter den Wasserfällen hindurchgeführt. Auf ihnen allen vollzieht sich ein ständig steigender Lastwagen- und Autobusverkehr, dessen Zentrum Funchal darstellt.

Funchal liegt an der gegen den Passat geschützten Südküste, und zwar an der einzigen Stelle, die auf fast 2 km Erstreckung einen Geröllstrand aufweist, gleichzeitig im Kern der Muschel, dem zentripetal vier in die Lavadecken eingeschnittene Bachläufe zueilen. Die eng gebaute Altstadt drängt sich auf dem niedrigen und ebenen Boden. Wo die Stirnen der ersten Lavaströme einsetzen, beginnt die aufgelöste Siedlung der parkumgebenen Villen und Hotels sowie der Landhäuser, die sich in Bananen-, Zuckerrohr- und Weinpflanzungen verstecken. Auf einem von ihnen steht das Forte do Pico mit seinen düsteren Lavamauern. Das laute städtische Leben drängt sich um die Kathedrale, den Marktplatz und die Markthalle. Die weiß oder beigefarben gestrichenen mehrstöckigen Häuserfronten werden durch grüne Balkongeländer und grüne oder braune Jalousien gegliedert. Funchal ist das einzige Handels- und Ausfuhrzentrum der Insel, in dem sich seit dem Beginn des 17. Jahrhunderts englischer Einfluß stark bemerkbar macht. Durch seine Bevölkerungszahl (40 000, mit Bannmeile 87 000) wird es zur dritten Stadt Portugals. Sein Hafen ist der Schiffsbewegung nach trotz der schweren Krise der Nachkriegszeit der zweite des Landes, und die außerordentlich günstige Lage der Insel sowohl innerhalb des portugisischen Imperiums als auch im Netz der großen internationalen Atlantikrouten setzt sich erneut durch.

Die *Ilha do Porto Santo* besteht in ihrem Kern vorwiegend aus vulkanischen Aschen und Tuffen, die von zahlreichen Gängen aus Trachyandesit, Trachyt und Basalt durchsetzt sind (7). Die letzten bilden die Gipfel (Pico do Facho 516 m). Peripher und in niedrigen Lagen sind Basaltdecken verbreitet, insbesondere auf den durch Abrasion abgetrennten tafelförmigen Beiinseln, so dem südwestlichen Ilheu da Cal. Diese Basaltdecken überlagern harte Kalksteinschichten helvetisch-tortonischen Alters. Die Kalkbänke des Ilheu werden in Stollen abgebaut, die das Inselchen durchtunneln und ganz Madeira mit Dünger- und Mauerkalk versorgen. Die Nordseite der Insel besitzt Kliffs von Hunderten von Metern Höhe, die Südostseite einen langen Flachstrand. Der größte Teil des vulkanischen Skeletts wird von äolisch transportierten Kalksanden überlagert, die stellenweise zu Kalksandsteinen verfestigt sind. Fossilfunde machen ein quartäres Alter sicher, und es ist sehr wahrscheinlich, daß sie dem in den Glazialzeiten trocken gelegten Schelf der Inselumgebung entstammen, der reichlich mit Muschelsanden bedeckt ist. Dieser Landschaftszug verbindet Porto Santo mit den Kanaren. Die tieferen Teile der Kalksande sind noch von basaltischen Gängen durchsetzt. Die vulkanische Tätigkeit hat also auch hier bis ins Quartär hinein angedauert. Diese Kalksande sind mit den Verwitterungsprodukten der Tuffe und Aschen vermischt und stellen einen hervorragenden Ackerboden (massapez) dar. Daß seine Güte nicht voll zur Auswirkung kommt, ist die Folge des Klimas. Dieses bringt bei einem mit Funchal nahezu gleichen Temperaturgang wegen der geringeren Aufragung der Insel zwar reichlich Bewölkung, aber nur wenig Niederschlag (Ort Porto Santo 354 mm, BS) und besitzt eine Trockenzeit, die von April bis August dauert. Die natürliche Vegetation, wie sie noch Dr. *Fructuoso* aus dem Jahre 1590 schildert (22), enthielt zahlreiche Drachenbäume, Wilde Oelbäume, Eisenholzbäume, Apollonias, Wacholder und Erica, die stellenweise geschlossene Bestände bildeten. Es handelt sich um die Baum- und Strauchassoziation der Unteren Südregion der Hauptinsel (S. 13). Heute ist nur noch der Gipfel des Pico do Castelo von Macchiengebüsch umgeben. In den heutigen Niederformationen besitzen die einjährigen Pflanzen ungeheure Verbreitung (56% der Artenzahl). Auf dem massapez wird während des Winterhalbjahres lohnender Trockenfeldbau auf Weizen betrieben. Wegen der geringen Böschungswinkel fehlen Terrassen, so daß der Hakenpflug reichlich benutzt wird. Der größere Teil der Insel bildet jedoch trockene Rinderweide. Die wirtschaftlichen Hauptprobleme der Gegenwart sind die Wasserversorgung und die Wiederherstellung des Baumwuchses. Die einzige Siedlung, der bescheidene Hafen Porto Santo, liegt am Strand der Südostküste, von einem Kranz von Weinlauben umschlossen.

Eine länderkundliche Skizze des Archipels 23

NEUE LITERATUR

1. *W. Hartnack*, Madeira, Landeskunde einer Insel. 47./48. Jahrb. Pomm. Geogr. Ges. II. Beiheft. 1930. Auch gesondert: Hamburg 1930, 198 S. (423 Nr. Lit. Verz.)
2. *O. Ribeiro*, L'île de Madère. Étude géographique. Congr. Intern. Geogr. Lisbonne. 1949. 175 S.
3. *O. Ribeiro*, Notulas de geomorfologia Madeirense. Bol. Soc. Geol. Port. VII. 1948. 7 S.
4. *J. Custódio de Morais*, A Ilha da Madeira. A estructura da montanha vulcânica. Bol. Soc. Geogr. Lisboa. Ser. 57ª. 1939. S. 227–253.
5. *J. Custódio de Morais*, O Arquipélago da Madeira. Memorias e Noticias No. 15. Coimbra. 1945.
6. *J. Custódio de Morais*, Os Arquipélagos da Madeira e Selvagens. Bol. Soc. Geol. Port. VII. 1948, fasc. 1/2.
7. *J. Custódio de Morais*, A Ilha do Porto Santo e as suas rochas. Memorias e Noticias No. 12. Coimbra. 1943. 48 S.
8. *G. W. Grabham*, Esboço da formação geologica da Madeira. Bol. Museu Municipal Funchal III, 8. 1948. S. 65–83.
8 a. *Serviço Meteorologico Nacional*, Boletin mensal das Observaçoes meteorologicas no Arquipélago da Madeira. Seit 1945 allmonatlich.
9. *A. Narciso*, Le climat de Madère et ses effets therapeutiques. Lisbonne 1936.
10. *H. C. de Lacerda Castelo Branco*, The climate of Madeira. Madeira. 1938. 118 S.
11. *M. F. Antunes*, A influência do relevo orografico na insolaçao do Funchal. Publ. Obs. Central Meteorol. Infante D. Luis I, 2. Lisboa 1939.
12. *J. de Freitas*, Serras de agua (Wassersägemühlen) nas Ilhas de Madeira e Porto Santo. Lisboa. 1937.
13. *M. C. Grabham*, The garden interests of Madeira. London. 1926. 100 S.
14. *M. Grabham*, Plants seen in Madeira. A Handbook of botanical Information of visitors and intending Residents. London. 1934.
15. *M. Grabham*, Madeira. Its flower plants and ferns. London. 1942. 142 S.
16. *Visconde do Porto da Cruz*, A flora madeirense na medicina popular. Broteria IV (XXXI). 1935. S. 35, 71, 139, 145.
17. *Visconde do Porto da Cruz*, A fauna terrestre do Arquipélago da Madeira. Broteria VI (XXXIII). 1937. S. 176–96.
18. *Pe F. A. da Silva e C. Azevedo de Menezes*, Elucidário Madeirense. 2ª ed. 3 vol. Funchal. 1940, 1945, 1946.
19. *R. H. Correia Rodrigues*, A Colónia (Pachtsystem) da Madeira. Problema moral e economico. Funchal. 1947.
20. *J. Vieira Natividade*, Fomento da fruticultura da Madeira. Lisboa. 1947.
21. *K. Brüdt*, Madeira. Estudo linguístico-etnográfico. Diss. Hamburg. 1938 u. Bol. Fiologia V, Fasc. 1–5. Lisboa 1937/38.
22. *G. Fructuoso*, Saudades da terra. Neuausgabe mit Einleitung u. Anmerk. von D. Perez. Ponta Delgada. 1924/31. 3 Vol.
23. *J. M. Henriques*, Les vins de Madère. In: Le Portugal et son activité économique. Lisbonne. 1932. S. 147–50.
24. Carta corográfica da Ilha da Madeira. 1934. Ausgezeichnete Zweiblattkarte in Fünffarbendruck 1:50 000.
25. *Deutsche Seewarte*, Monatskarten für den Nordatlantischen Ozean. Neu bearbeitet 1939/40. Hamburg. 1940.

KLIMA UND PFLANZENKLEID MADEIRAS
Im Wandel der Jahreszeiten

750 km westlich der marokkanischen Küste, unter knapp 33° Nordbreite, entragt der Madeira-Archipel den stets tiefblauen Fluten des Atlantischen Ozeans. Er besteht aus 3 Inselgruppen (Karte 3), die zusammen nur 815 qkm umfassen und damit kleiner sind als Rügen (926 qkm). Die Hauptinsel Madeira ist in Westost-Richtung 58 km lang und maximal 23 km breit. Sie bildet einen von engen, steilwandigen Tälern durchfurchten Schild, der in der Mitte mit dem Pico Ruivo bis 1861 m aufragt. Randlich ist er durch die Wirkung der Meeresbrandung zugestutzt, die hier Steilabfälle, sog. Kliffs, erzeugt hat. Diese erreichen an der Nordküste bis zu 1000 m Höhe. In der südöstlichen Verlängerung der Hauptinsel schließen sich die langen, schmalen Desertas an, die "Unbewohnten", und 42 km nordöstlich von ihr setzt die 23 km lange Insel Porto Santo ein, die nur 516 m Höhe erreicht. Der ganze Archipel besteht fast ausschließlich aus vulkanischen Gesteinen. Es handelt sich um Lava- und Tuffdecken, Gänge und verbackene Schlackenmassen. Die vulkanische Tätigkeit hat bis in die Eiszeit hinein gedauert, ist aber heute im Gegensatz zu der auf den Kanaren erloschen. Der bei weitem größte Teil der Viertelmillion Menschen, die der kleine Archipel beherbergt, drängt sich auf der Hauptinsel zusammen. Mit ihr beschäftigen wir uns hier ausschließlich.

Infolge seiner subtropischen Lage auf der Westseite der mächtigsten Landmasse der Erde steht Madeira während des größten Teils des Jahres unter der Wirkung des kühlen Nordostpassats. Dieser beeinflußt die im Luv gelegene Nordseite der Insel viel stärker als die Südseite. Auf ersterer besitzen die Temperaturen des Sommers daher auffällig niedrige Werte. Santana, in 425 m Höhe über der Nordostküste gelegen, hat ein Julimittel von nur 17,3° gegenüber 19,2° in Freiburg i. Br. Das ganze Jahr über ist die Nordseite durch große Relative Feuchtigkeit und durch Wolkenreichtum ausgezeichnet. Auch bringt der Passat hier häufige und kräftige Steigungsregen, besonders in den Höhen von 500–1400 m. Da die Meerestemperaturen der Umgebung den Betrag von 16° im Jahreslauf nicht unterschreiten, sind die Lufttemperaturen der Nordseite im Hochwinter beträchtlich höher als in unserer Heimat. In Santana besitzt der Februar, der kälteste Monat, 11,8° im Durchschnitt, gegenüber 0,3° in Freiburg.

Die Südküste dagegen liegt im Lee der passatischen Luftströmung. Über der südlichen Inselabdachung absteigend, bringt sie Aufklärung, und über dem Zentralgebiet liegt daher nicht selten, besonders im Frühjahr, eine Föhnmauer. Die an der Südküste gelegene Hauptstadt Funchal besitzt in allen Jahreszeiten ein wolkenärmeres, sonnenscheinreicheres und wärmeres Klima als Santana. Im Februar sinkt die Durchschnittstemperatur dort nur auf 15,2°. Das ist die Temperatur des wärmsten Monats in Helgoland! Im August steigt sie auf 22,3°. Noch wärmer sind alle Jahreszeiten am Fuß der hohen Kliffs der Südseite, welche die Sonnenstrahlen wie Brennspiegel sammeln und gegen jede Beeinflussung von Norden her abgeschlossen sind. Hier erreichen die Wintertemperaturen geradezu tropische Werte (Lugar de Baixo auf Madeira im Februar 16,1°, Haiphong in Indochina 16,3°). Die Jahresschwankung der Temperatur ist auf beiden Seiten, verglichen mit dem portugiesischen Mutterland oder gar Mitteleuropa, sehr gering (Santana 6,7°, Funchal 7,1°

Im Wandel der Jahreszeiten

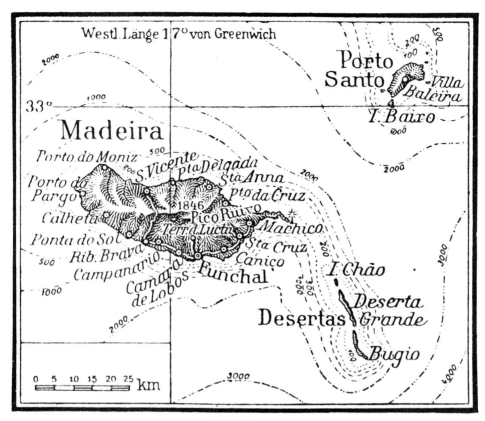

Madeira.

Karte 3. Karte des Madeira-Archipels. (Nach neueren Angaben ist der Pico Ruivo 1861 m hoch.)

gegenüber Lissabon 11,4° und Wien 21,8°).

Die obere Grenze der durch den Passat auf der Nordseite erzeugten Bewölkung liegt häufig bei 1400 m. Die über diese Grenze aufragenden Hochflächen und Gipfel sind niederschlagsärmer und sonnenscheinreicher als die Hauptwolkenregion. Die Station Arieiro in 1610 m Höhe hat schon Temperaturen bis zu 29,3° gemessen. Im Hochwinter aber kommt es auf diesen Hochflächen fast alljährlich zu Frösten. Im Januar 1944 sank das Thermometer des Arieiro auf −3,0°. Bei solchen Kaltlufteinbrüchen sind Schneefälle in diesen Höhen keine Seltenheit. Noch heute trifft man dort tiefe, von Steinkuppeln überwölbte Zisternen, in denen der Schnee früher gesammelt wurde, um in der warmen Jahreszeit zur Kühlung der Getränke nach Funchal befördert zu werden. Zu allen Jahreszeiten kann Madeira aber auch in den Kernbereich des subtropischen Hochdrucks des Atlantischen Ozeans, des sog. Azorenhochs, einbezogen werden. Dann liegt die ganze Insel bei geringer Luftbewegung unter einem wolkenlosen, tiefblauen Himmel in strahlendem Sonnenschein.

In der winterlichen Jahreshälfte wird die Herrschaft des Passats oder des Azorenhochs nicht selten durch zyklonale Störungen[1] unterbrochen. Die Kaltfronten von hochnördlichen Zyklonen können dann bis in die Breite von 30° hinabreichen, oder Zyklonen, deren Kerne den Atlantischen Ozean in niedrigeren Breiten queren, können Madeira mit der Kalt- wie der Warmfront überstreichen. Dann stellt sich bei Südwest- bis Nordwestwinden über der ganzen Insel starke Bewölkung ein, und es können über dem abgekühlten, hoch aufragenden Inselkörper stattliche Regenmengen fallen.

Wie im Mittelmeergebiet konzentrieren sich die Niederschläge der Südseite somit auf das Winterhalbjahr. Die Jahreshöhen sind hier jedoch mäßig. Funchal erhielt in dem Jahrzehnt 1940 bis 1949 durchschnittlich 538 mm, und die 5 Sommermonate Mai bis September waren Trockenmonate, d. h. sie erreichten durchschnittlich den Wert von 30 mm nicht. Hier wie überall auf der Insel ist der November der niederschlagsreichste Monat. Die Nordabdachung empfängt sowohl passatische Steigungs- als auch winterliche Frontalregen, und ihre Niederschlagshöhen sind daher, gleiche Höhen verglichen, ganz wesentlich größer als die der Südabdachung. Santana besaß im gleichen Jahrzehnt ein Mittel von 1301 mm, und in keinem einzigen Monat sanken die Niederschlagswerte auf 30 mm, obwohl auch dort wie überall auf dem Archipel die drei Sommermonate die regenärmsten sind. Nach oben hin nehmen die Niederschläge überall zu, ganz besonders auf der Nordabdachung, wo sich in 900 bis 1400 m ein Höhengürtel maximaler Niederschläge einstellt. Der Hof Caramujo (1260 m) maß in dem Jahrzehnt 1940/1949 ein Mittel von 2905 mm, und 1942 wurde dort sogar der Rekordwert von 4023 mm erreicht. Die Hochflächen und Gipfel über 1400 m sind aus dem oben entwickelten Grunde wieder etwas ärmer an Niederschlägen. Der Arieiro verzeichnete aber immerhin noch 2243 mm Jahresdurchschnitt. Die einzelnen Jahre weichen überall auf dem Archipel von diesen Mittelwerten oft erheblich ab.

Die Hauptinsel Madeira besitzt somit die folgenden 5 Klimagebiete:

1. *Untere Südregion* (Funchal). Maritimes Mittelmeerklima mit ausgeprägter und langer sommerlicher Trockenzeit. Geringe Jahresniederschläge. Das Thermometer sinkt kaum je unter 10°, steigt aber auch nur selten über 30°.
2. *Obere Südregion* (über 350 m). Mittelmeerisches Höhenstufenklima. Niederschlagswerte über 750 mm, geringere Intensität der sommerlichen Trockenzeit.
3. *Untere Nordregion* (Santana). Passatisches Fußstufenklima mit Niederschlägen zu allen Jahreszeiten und Minimum im Sommer, Jahresniederschlagshöhe 1200–1500 mm. Große Häufigkeit von Nordostwind und Nebel.
4. *Obere Nordregion* (über 500 m, Caramujo). Passatisches Höhenstufenklima mit maximalen Niederschlagshöhen. Bewölkungsgrad, Nebelreichtum und Relative Feuchtigkeit zu allen Jahreszeiten sehr groß, mit Minimum im Hochsommer.
5. *Region der Hochflächen und Gipfel* (über 1400 m). Subtropisch-maritimes Höhenklima. Niederschlagsärmer als 4, aber immer noch über 2000 mm. Hochwinter relativ kalt und mit Schneefällen.

Als die Portugiesen den Archipel 1425 zu besiedeln begannen, fanden sie ihn ohne Bewohner vor. Sie benannten die Hauptinsel nach dem ihnen von der Heimat her ungewohnten Reichtum an hochstämmigem Baumwuchs Madeira (= Holz). Die immer dichter werdende Besiedlung hat einen gewaltigen Holzbedarf entwickelt, und infolgedessen ist von diesem ursprünglichen Pflanzenkleid nur noch wenig übrig. Am stärksten hat die Obere Nordregion in ihren wasserfallreichen Schluchten und auf den ungemein steilen Hängen Reste der Urvegetation bewahrt. Diese bestehen aus einem immergrünen Wald von breitblättrigen Bäumen, von denen viele der Familie der Lorbeergewächse (Laurazeen) angehören. Am häufigsten trifft man den dunkellaubigen Kanarischen Lorbeer (Laurus

---

[1] Störungen durch Tiefdruckgebiete (Zyklonen)

Abb. 2. Tal des Höllenbaches (Ribeira de Inferno) auf der Nordseite von Madeira. Laurazeen-Macchie und -Wald

Abb. 3. Weizenstoppelfeld mit Seestrandkiefern im Herbst

Abb. 4. Dorf Serra de Agua ("Wassersägemühle") im Zentrum von Madeira

Abb. 5. Bananenpflanzungen bei Madalena do Mar an der Südküste
Alle Aufn. Prof. Dr. O. Ribeiro

canariensis) und die hellgrüne Baumheide (Erica arborea), ein Heidekrautgewächs (Ericazeen). In den wassertriefenden Schluchten gesellen sich zu ihnen die herrliche, bis zu 30 m hohe *Ocotea foetens*, eine weitere Laurazee, deren hellgrüne, große Blätter sich eindrucksvoll von dem lichtgrauen Stamm abheben, der Madeira-Lorbeer (Persea indica), die Laubheide (Clethra arborea) u. a. Dieser prachtvolle, immergrüne Laurazeenwald besitzt nur geringe Wandlungen seines Aussehens im Jahreslauf. Immerhin verleiht ihm die Ericazeenblüte eine besondere Note. Die Laubheide entwickelt ihre langen, weißen, herrlich duftenden Blütenstände im August, wohingegen die Baumheide sich im Hochwinter mit Millionen weißer oder violetter Blütenglöckchen schmückt. Häufig sind diese Laurazeenwälder durch immer erneute Eingriffe des Menschen zu einer dichten Strauchformation, einer sog. Macchie, degeneriert.

In anderen Teilen Madeiras dürften solche Macchien die ursprüngliche Pflanzengemeinschaft darstellen. Von der Höhenmacchie, die einst auf den Hochflächen existierte, sind noch ausgedehnte Bestände übrig. Sie bestehen vorwiegend aus der Madeira-Heidelbeere (Vaccinium madeirense), einem übermannshohen Strauch, dessen Blätter sich im Winter rot verfärben. In diesen großen Höhen kommen von Natur auch mitteleuropäische Baumarten vor, die im Winter wie bei uns die Blätter fallen lassen, so die Eberesche (Sorbus aucuparia), die Ahlkirsche (Prunus padus) und die Vogelkirsche (Prunus avium). Ausgedehnter sind in der Höhenregion Fluren aus dem Adlerfarn (Pteris aquilina), der im Spätherbst braun verdorrt, und eine Rasen- und Krauttrifft, die als Kleinviehweide dient.

In den Höhen zwischen 600 und 1400 m ist heute ein Forst aus der portugiesischen Seestrandkiefer (Pinus pinaster) entwickelt. Die Kiefern selbst beteiligen sich nur durch die braungelben Frühjahrstriebe auffällig am Jahreszeitenwechsel. Aber auf dem Boden dieser weitständigen Forste hat sich üppig ein portugiesischer Ginster (Cytisus scoparius) entwickelt, der sich im April/Mai mit eigelben Schmetterlingsblüten schmückt. Zu ihm gesellt sich der immergrüne Stachelginster (Ulex europaeus), dessen ebenfalls gelbe Blüten nur im Winter spärlich werden. Manche dieser Kiefernforste dienen einer charakteristischen Reutbergwirtschaft. Man läßt nur wenige, bis auf die Wipfel entästete und daher sehr häßlich aussehende Kiefern als Samenlieferanten stehen. Der Boden wird durch Schlag und Brand gerodet und im Januar/Februar mit einem Gemisch von Kiefern- und Weizenkörnern besät. Der Weizen wird im Juli geerntet. In den nächsten Jahren entwickeln sich die Jungkiefern, die als Brenn- und Stangenholz dienen, und nach 8–9 Jahren, wenn der Boden sich erholt hat, beginnt die gleiche Nutzung von neuem.

Unter dem Ring der Kiefernforste liegt die Region des intensiven Feld- und Gartenbaus. Die Hänge sind wegen ihrer Steilheit in eine Unzahl von Terrassen aufgelöst, die von Lavamauern gestützt werden. Die so geschaffenen Feldchen werden den Sommer über künstlich bewässert, ganz besonders auf der Südseite. In diesem Ring der Intensivkulturen kann man zwei Stockwerke unterscheiden. Im unteren Stockwerk steht der Anbau tropisch-subtropischer Exportgewächse (Banane, Zuckerrohr, Weinstock) voran. Die Bananenpflanzungen stellen an die Wärme des Standorts die höchsten Ansprüche und sind daher fast nur an der Südküste unter den hohen Kliffs und in der Umgebung von Funchal bis 300 m zu finden. Ihr Aussehen zeigt nur geringe jahreszeitliche Wandlungen. Sie fruchten das ganze Jahr über. Die größten und zahlreichsten Büschel reifen aber im Spätsommer mit der Hitze, so daß die Ausfuhrkurve von Juli bis Oktober ein ausgeprägtes Maximum aufweist. Im kräftigen Schatten der Bananenstauden werden höchstens im Frühling und Sommer etwas Kohl und Kartoffeln gebaut.

Der Schnitt des Zuckerrohres vollzieht sich zwischen März und Mai. Nach ihm wird häufig Mais gesät. Zwischen April und Oktober werden die Zuckerrohrfelder etwa zehnmal bewässert. Der Weinbau reicht auf der Südseite bis 500 m empor und fehlt auch auf der Nordseite nicht, wo die Weinlauben allerdings durch hohe Lavamauern oder tote Hecken gegen die Wucht des Passats geschützt werden müssen. Die Weinblätter treiben schon im Februar. Vorher wird der Boden gehackt und gedüngt. Auf ihm werden unter den Weinlauben Kartoffeln, Süßkartoffeln und Gemüse, ja stellenweise Taro und Zuckerrohr angebaut. Um dieser Begleitgewächse willen werden auch die Weinterrassen bewässert. Die Weinlese erfolgt im August/September. Nach dem Blattfall beginnt eine Winterbestellung mit Kartoffeln, Kohl und Futtergewächsen.

Die Kliffs, die für den Terrassenbau zu steil sind, trugen früher eine charakteristische Vegetation trockenwüchsiger Bäume, so den berühmten Drachenbaum (*Dracaena draco*), der jetzt fast nur noch als Schmuckgewächs in den Gärten zu treffen ist. Heute sind sie weitgehend vom amerikanischen Feigenkaktus (*Opuntia tuna*) überwuchert. Aus seinen stachelbewehrten tellerförmigen, grünen Zweiggliedern entsprießen birnförmige, violette Früchte, die von Juli ab reifen und ein wichtiges Nahrungsmittel der Bevölkerung bilden.

Über diesem Stockwerk der tropisch-subtropischen Kulturen folgt das des Getreide-, Hackfrucht- und Futterbaus. Soweit künstliche Bewässerung möglich ist, herrscht auch in ihm eine ganzjährige Nutzung der Felder, und es wird eine Unzahl klug ersonnener Fruchtwechsel- und Zwischenbausysteme angewandt, in die unsere heimischen Getreidearten ebenso wie die verschiedensten Wurzel- und Hülsenfrüchte nebst Gemüsen eintreten. Bei Santana kann man Kartoffeln, Bohnen, Kohl und Mais oder Pfirsichbäume, Bohnen, Mais, Dahlien, Kürbisse und Taro gleichzeitig auf demselben Feld beobachten. Ein häufig gewähltes Zwischenbausystem ist das folgende: Zuerst wird die Süßkartoffel gepflanzt, die 6–9 Monate zur Reifung braucht. In die gleichen Furchen werden dann in größeren Abständen Kartoffeln gesetzt, zwischen die Furchen kommen später Schminkbohnen und schließlich Kohlpflänzchen. Im November schließlich werden da und dort ein paar Pferdebohnen nachgesät. Zuerst reift die Schminkbohne, die sich an Stangen aus Spanisch Rohr emporgerankt hat. Im dritten oder vierten Monat können die Kartoffeln geerntet werden, und der Kohl wird nach Bedarf geschnitten. Die Pferdebohnen öffnen ihre duftenden Blüten im Dezember und reifen im März, und zuletzt kommen in dem Maß, wie die leichtverderbliche Frucht benötigt wird, die Süßkartoffeln an die Reihe.

Über die Felder der beiden Stockwerke sind Fruchtbäume verteilt, die automatisch mitbewässert werden. Besondere Fruchthaine gibt es auf Madeira bisher nur wenig. Im oberen Stockwerk sind es vorwiegend gemäßigt-subtropische Bäume (Birnen, Äpfel, Kirschen, Pflaumen, Aprikosen, Pfirsiche, Feigen, Walnüsse, Kastanien), die im Herbst mehr oder weniger spät ihr Laub fallen lassen. Manche von ihnen zeigen auf der Südseite unterhalb von 250 m Entartungserscheinungen ihrer Jahresperiodizität. Es kommt vor, daß bewässerte Apfelbäume ihre Blätter behalten und das ganze Jahr über fruchten oder eine herbstliche Zweitblüte in die Fruchtreife fällt. Daneben gibt es zahlreiche andere eingeführte sommergrüne Laubbaumarten. Am weitesten verbreitet ist unsere heimische Stieleiche, die in der Nähe der Küste allerdings ohne künstliche Bewässerung schlecht durch den trockenen Sommer kommt. Sie setzt dort schon im Januar Blätter an. Die häufig gepflanzte Platane verliert die Blätter im Dezember und steht zwei Monate kahl. Die Korbweide, die Grundlage der bekannten Flechterei, und verschiedene Pappelarten nutzen den hohen Grundwasserstand der Talauen, um durch den Sommer zu kommen.

Im unteren Stockwerk überwiegen subtropisch-tropische immergrüne Fruchtbäume.

Im Wandel der Jahreszeiten

Die japanische Mispel (*Eriobotrya japonica*) entwickelt im November ihre großen, weißen, nächtlich duftenden Blüten und reift ihre bernsteinfarbigen, säuerlichsüßen Früchte vom März an. Der aus Peru stammende stattliche Anonabaum (*Anona Cherimola*) hat sich auf Madeira ausgezeichnet akklimatisiert und reicht bis 500 m aufwärts. Nach völligem Blattfall im Mai entwickeln sich im Juni die *Magnolia*-ähnlichen Blüten. Die ungemein wohlschmeckenden Früchte, die wie grüne Pinienzapfen aussehen, reifen von Oktober an den ganzen Winter. Der bis 6 m hohe, im tropischen Amerika heimische Gemeine Melonenbaum (*Carica papaya*) ähnelt in der Wuchsform einer Palme. Der ostindische Mangobaum (*Mangifera indica*), der Advokatenbaum (*Persea gratissima*), der öl- und zuckerreiche, birnenförmige Früchte liefert, die verschiedenen Guave-Arten (*Psidium*) und der seiner bleichen und düsteren Blüten wegen "Passionsblume" genannte Kletterer *Passiflora edulis* spenden ihren Fruchtsegen ebenfalls vom Herbst an.

Über den größten Teil Madeiras sind schließlich Blumen ausgestreut. Die Bevölkerung findet trotz ihres überaus schweren Lebenskampfes noch die Muße zur Pflege von Schönheit und Anmut. Callas, Lilien und Geranien blühen von Ostern ab bei jedem Bauernhaus. Hecken aus Hortensien begleiten Wege und Bewässerungskanäle. Ihre erst weißen, dann rosafarbenen und schließlich tiefblauen Blüten setzen im Juni ein und behalten ihre Farbe bis spät in den Herbst. Das Blütenwunder, um dessentwillen Madeira in der ganzen Welt berühmt ist, steigert sich zu höchster, landschaftsbestimmender Stärke an drei Stellen: in und um Funchal, bei Camacha nordöstlich der Hauptstadt (700 m) und bei Santana. Die Portugiesen haben die prächtigsten Vertreter pflanzlicher Schönheit aus ihrem weiten Kolonialreich herbeigetragen, und die gepflegte Gartenkunst der Engländer hat dem bunten Spiel die bewunderte Krönung gegeben. Farben und Formen sind von unübersehbarer Vielzahl und in ununterbrochenem Wechsel begriffen. Fächer- und Wedelpalmen sowie andere immergrüne Schmuckbäume ohne auffällige Blüten bilden den beständigen Hintergrund. Im Oktober gewähren die weißen und rosa Blüten der riesigen *Chorisia speciosa* ein wunderbares Schauspiel. *Geranium odoratissimum* füllt in dieser Zeit, wenn besprüht oder begossen, einen ganzen Garten mit seinem entzückenden Duft. *Pointsettia pulcherrima* schmückt sich im November mit leuchtenden karminroten Deckblatt-Rosetten. Eine Reihe dieser 4–6 m hohen Bäume, durchmischt von den Stämmen der *Brugmansia suaveolens* mit ihren weißen Trompetenblumen, umrankt von den lichtblauen, rosa gestreiften Blüten der *Ipomea caerulea*, aus einer Hecke tiefblauer Kap-Plumbago aufragend, bildet ein Schaustück, wie es auf der Erde nur ein Madeiragarten zu bieten vermag. Im Dezember beginnen die Kletterer *Bignomia venusta* und *Bougainvillea* zu blühen. Die leuchtend violettroten Hochblätter der *Bougainvillea spectabilis* schmücken bis in den Mai hinein Mauern, Säulen und Spaliere, und in lebhaftem Kontrast zu ihnen rankt sich daneben die *Tecoma jasminoides* mit ihren großen, schneeweißen Blüten empor. Die Bäume der aus Brasilien stammenden *Jacaranda mimosaefolia* bilden ganze Alleen, die, im April blattlos, vom Mai ab mit einer Fülle violettblauer Blüten bedeckt sind. In den Gärten stehen dann die Australischen Seideneichen (*Grevillea robusta*) in orangegelber Pracht, und über die Mauern windet sich mit großen, rotgelben Blüten das tropische Geißblatt *Lonicera Hildebrandtiana*. In den warmen Sommernächten erfüllen die weißen Blüten des asiatischen *Trachelospermum jasminoides* und die wachsartigen der *Stephanotis floribunda* die Gärten und Parks mit ihrem Duft, und im Sonnenlicht erfreuen dann Fuchsien, die Chinesische Rose, der ostindische Quastenbaum und die Korallenbäume das Auge mit ihren vielfältigen Formen. Nirgends auf dem Archipel kommt der Jahreswandel des Pflanzenkleides wuchtiger zum Ausdruck als in diesen durch das Schönheitsbedürfnis des Menschen gestalteten Bereichen. Aber es ist nur der aus der Heimat mitgebrachte innere Rhythmus und der Wärmewechsel, der die Jahresveränderung des Bildes erzeugt. Die Wirkung des natürlichen Ganges der Niederschlagshöhe ist hier durch die künstliche Bewässerung völlig ausgeschaltet.

DIE INSEL ISCHIA

I. EINFÜHRUNG

In den Jahren 1928/29 leitete *Väinö Auer* eine finnische Expedition nach *Feuerland* (1). Ihre vielseitigen, weittragenden Ergebnisse (2,3) führten 1937/38 unter der Führung des gleichen Gelehrten zu einer neuen finnischen Expedition nach Südamerika, und zwar nach *Ostpatagonien* (4). In seiner Abhandlung "Der Torf und die Torfschichten als historische Urkunden Feuerlands und Patagoniens" (5) gibt *Auer* eine großzügige Übersicht über gewisse grundlegende Resultate beider Expeditionen. Er kombiniert in ihr die vulkanologischen Ergebnisse von *M. Salmi* (4), eines Mitgliedes der 2. Expedition, mit seinen eigenen pollenanalytischen Untersuchungen der Torfschichten Feuerlands und Ostpatagoniens auf Grund der Wechsellagerung von Tuff und Torf und kommt auf diese Weise zu einer sicher fundierten postglazialen Entwicklungsgeschichte des Vulkanismus wie der Pflanzenformationen im Südende von Südamerika: "Aus den Untersuchungen von *Salmi* geht hervor, daß die Eruptionen der Anden in der Postglazialzeit von verschiedenen Vulkanen herrühren, deren Asche von Westwinden ostwärts verfrachtet worden ist. Die Lage dieser verschiedenen Vulkane hat ungefähr festgelegt werden können, und ihr gegenseitiges Altersverhältnis hat man durch Pollendiagramme zu bestätigen vermocht. Die Vulkane der Anden lassen sich mit einer riesenhaften Batterie vergleichen, die sich, ebenso wie auf Feuerland, in der Postglazialzeit wenigstens 4- oder 5 mal gleichzeitig entladen hat. Das Alter aller Ausbrüche ist in so hohem Maße das gleiche, daß sich die patagonischen Eruptionen O, I, II und III im großen und ganzen durchaus mit den die entsprechenden Ziffern tragenden feuerländischen parallelisieren lassen . . . Somit steht für die postglazialen Ereignisse in Feuerland und Patagonien eine Zeitskala von einzigartiger Genauigkeit zur Verfügung" (5, S. 653 f.).

Ich muß es mir hier versagen, die Hauptergebnisse dieser Schrift darzustellen, die in der Feststellung gipfeln, daß in Ostpatagonien und Feuerland, an der Grenze der Trockensteppe, das Vordringen des Waldes die Folge einer universalen Temperatursenkung ist, wogegen der Rückzug des Waldes auf einem Temperaturanstieg beruht (S. 669). Denn das Schwergewicht dieser Einführung soll nicht auf der Waldgeschichte, sondern auf der Chronologie der postglazialen vulkanischen Ereignisse liegen. Und in dieser Hinsicht verdient hervorgehoben zu werden, daß der letzte Satz des Auerschen Zitates heute auch für die Insel Ischia Geltung beanspruchen kann. *Nur sind es hier nicht pollenanalytische, sondern prähistorische und archäologische Forschungen, die den Zeitmaßstab liefern.* Die Lava- und Tuffschichten, die Ischia aufbauen, sind nicht selten durch Paralleldiskordanzen oder denudative Schrägdiskordanzen, oft mit schwarz, braun, gelb oder rot gefärbten Verwitterungshorizonten, von einander getrennt, und auf diesen Diskordanzen finden sich Artefakte. Dieselben gestatten es, das Alter der überlagernden Tuff- bzw. Lavaschicht zu ermitteln. Das Verdienst, diese Methode entwickelt zu haben, gebührt dem jetzt auf Ischia lebenden Zoologen und Naturforscher *Paul Buchner* und seinem Sohn *Giorgio Buchner* (7–15). "I cocci ci servono adesso come i fossili che indicano al geologo l'età dei diversi strati" ("Die Scherben leisten uns jetzt die gleichen Dienste wie die Fossilien, die dem Geologen das Alter der verschiedenen Schichten anzeigen") [10, S. 51].

Im April 1954 hatte ich 3 Wochen lang täglich Gelegenheit, zusammen mit meiner Frau Ischia nach allen Richtungen hin zu durchstreifen, und unternahm auch eine Rundfahrt um die Insel. Ich bin *Paul Buchner* für die lehrreiche Führung durch das von ihm geschaffene Museo dell'Isola d'Ischia und für manche wertvolle Mitteilungen und Ratschläge, insbesondere auch für die Ausleihung von Sonderabdrucken, ja die Exzerpierung eines Aufsatzes sehr dankbar. Im folgenden wage ich es, meine Beobachtungen mit den reichen Angaben der Literatur zu einer länderkundlichen Skizze zusammenzufassen. Denn abgesehen von einer kurzen, bereits 1926 erschienenen vergleichenden Arbeit über Ischia und Capri von *H. Kanter,* die sich im Sinne der Landschaftskunde von *Passarge* auf die analytische Beschreibung der Formenbestandteile beschränkt (16), fehlt eine solche geographische Behandlung bisher, und länderkundliche Monographien vulkanischer Inseln haben mich schon mehrfach besonders gelockt (17, 18).

II. GESAMTÜBERSICHT

1. Oberflächenformen, postvulkanische Erscheinungen, Erdbeben.

Ischia flankiert zusammen mit der Nachbarinsel Pròcida den Golf von Neapel im NW, während der nur 30 km entfernte Kalkklotz von Capri den südöstlichen Eckpfeiler darstellt. Die Insel bildet ein sich gegen E verschmälerndes Viereck von nur 46,3 qkm Fläche. Die W-E–Entfernung von der Punta del'Imperatore bis zum Castello d'Ischia mißt 9,8 km, die N-S–Entfernung von der Punta Cornacchia bis zur Punta di S. Angelo 7,7 km (19,20. S. Karte 4).

Die höchsten Erhebungen bilden einen sichelförmig gekrümmten *Höhenzug,* der dicht südlich von der Mitte der Insel beim Colle Jetto (589 m) beginnt und sich zunächst nach W erstreckt, um allmählich nach S umzubiegen. Er endet nordwestlich von Serrara-Fontana und gipfelt in dem schon von Strabo genannten *Monte Epomèo* (789 m). Im Querschnitt ist er ausgesprochen asymmetrisch. Mit über 70° steilen Wänden fällt er nach außen ab, während er sich nach innen sanft abdacht. Das Innere wird nach E durch den nahe dem Colle Jetto beginnenden Höhenzug M. Trippodi-Costa Sparaina abgeschlossen und bildet so ein nach S geneigtes und in dieser Richtung offenes Becken, in dessen Mitte Fontana liegt. Der Höhenzug des Epomeo besteht aus einem grünlichen, hellgelb verwitternden trachytischen *Bimssteintuff. Rittmann* vertritt in seiner hervorragenden "Geologie der Insel Ischia" (6, S. 74) eine submarine, *P. Buchner* (10, S. 43 f.) mit überzeugenden Gründen eine subaerische Entstehung dieser viele Hunderte von Metern mächtigen, ausgedehnten Tuffmasse, die auch den Untergrund von Pròcida sowie der Phlegräischen Felder bildet und das älteste Gestein Ischias ist.

Erst nachträglich trat nach *P. Buchner* eine Senkung ein, und nur die in stratigraphischem Sinn obersten Tuffe, die sehr fein, weiß und geschichtet sind, entstanden submarin. *Rittmann* nennt sie Tuffite (6, S. 4). Das nachfolgende Wiederauftauchen der Tuffmasse und damit der *Beginn der Inselbildung* erfuhr eine zeitweilige Unterbrechung, die durch eine von *Rittmann* und *P. Buchner* beschriebene alte Strandlinie in 500 m Höhe unter den Nordhängen des Colle Jetto angezeigt wird. Die Untersuchung der Foraminiferengattung *Lagena,* die in den zugehörigen Ablagerungen in 180 Formen auftritt, durch *Buchner* ergab, daß dieses erste Stadium der Inselbildung schon ins Quartär fällt (10, S. 45). *Rittmann* sucht die Ausbruchstelle des Epomeotuffs in der Montagna Nuova (510 m),

Gesamtübersicht

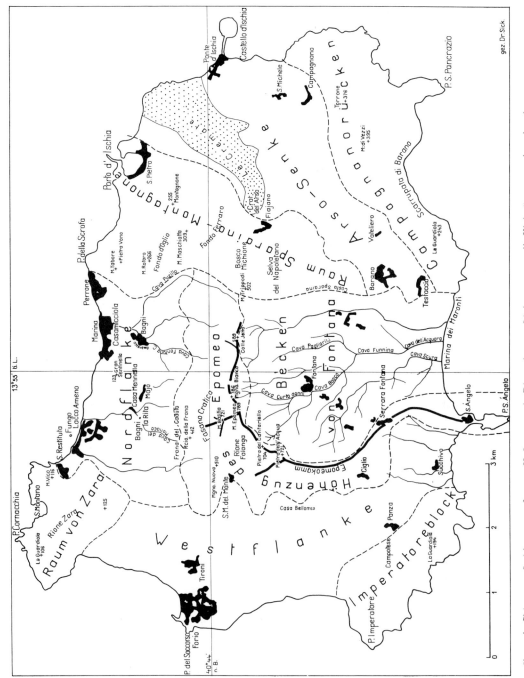

Karte 4. Skizze von Ischia, entworfen von H. Lautensach. Die gerissenen Linien grenzen die Kleinräume voneinander ab.

einen knappen Kilometer nordwestlich vom Epomeo. Jedenfalls ist die noch von *Fuchs* (21) vertretene Auffassung, daß das Becken von Fontana einen Krater darstelle, aus geologischen wie morphologischen Gründen nicht haltbar. Schon *L. v. Buch* (22) ist ihr entgegengetreten. Der Höhenzug des Epomeo ist vielmehr durch tektonische Heraushebung des Südostquadranten des Tuffvulkans der Montagna Nuova entstanden. Er bildet eine *Pultscholle,* und die steilen Abfälle des Epomeozuges gegen N und W werden von Bruchstaffeln aus Epomeotuff gebildet.

Der Epomeotuff ist ein wenig widerständiges Gestein. Die Kirche und die ehemalige Einsiedelei des Gipfels sind mit Leichtigkeit aus ihm herausgegraben. Während und nach der Hebung der Pultscholle sind daher durch subaerische Kräfte gewaltige *Massen von Epomeoschutt* in Bewegung gesetzt worden. Sie füllen in mehr als 200 m maximaler Mächtigkeit das Innere des Beckens von Fontana und bedecken die weniger steilen unteren Hänge der N- und W-Flanke. In allen 3 Richtungen reichen sie bis an die Küsten. Sie bestehen teils aus Bergsturzmassen, die nicht selten durch Erdbeben in Bewegung gerieten und oft haushohe Blöcke enthalten, teils aus Schlipfmaterial, teils aus Murgängen.

In diese lockeren, wasserdurchlässigen Ablagerungen sind auf der Nord- wie der Südseite des Epomeokammes bis zu 200 m tiefe eigenartige Talungen eingeschnitten, die sogenannten *Cave,* die auf der Karte 1:10 000 (20) sehr klar dargestellt sind. Die Querschnitte der einzelnen Cava wechseln von oben nach unten mehrmals von einer engen Klamm zu einem breitsohligen Kastental. Die Hänge sind also stets steil, ja stellenweise senkrecht. Der Längsschnitt zeigt nie ausgeglichenes Gefälle, sondern besteht aus einer Folge von Versteilerungen und Verflachungen. Diese Unregelmäßigkeiten im Quer- und im Längsprofil rühren von den Stürzen, Schlipfen und Muren her, die immer erneut von den steilen, braungelben Wänden herabkommen. Im allgemeinen fließen durch die Cave nur kümmerliche Rinnsale, die aber bei Wolkenbrüchen zu reißenden Schlammströmen werden.

Reichlich die Hälfte des ganzen Inselareals wird von Epomeotuff und -tuffit sowie seinen Abtragungsprodukten eingenommen und erhält durch sie seine morphologische Prägung. *Das östliche Drittel der Insel dagegen, die Nordwestspitze und die Südwestfront bestehen aus vulkanischen Gesteinen, die erst nach dem Epomeotuff und -tuffit entstanden sind und eine gänzlich andere Formenwelt repräsentieren.* In diesen 3 Gebieten finden sich Lavaquellkuppen und -quellrücken mit und ohne Einsturzkrater, Tuff- und Lavadecken, kreisförmige Explosionskrater mit Tuff-, Schlacken- oder Lavakranz, Stratovulkane, Gänge und Extrusionspfropfen (6, S. 70–75). Bei sehr vielen dieser Gebilde haben Vater und Sohn *Buchner* nach der in der Einführung umrissenen Methode das Entstehungsalter ermittelt und auf diese Weise häufig das Zeugnis der antiken Schriftsteller präzisiert (9, 10, 13). In einem Einschitt, der bei dem Bau der neuen Straße von Porto d'Ischia entlang der Nordküste nach Casamicciola geschaffen wurde, fanden sie über einer Humusschicht, die der Zeit der griechischen Kolonisation (8./7. Jahrh. v. Chr.) entspricht, die Ablagerungen von 4 Eruptionen, die ihrerseits in die Entstehungsgeschichte der benachbarten Berge Rotaro und Montagnone eingeordnet und zeitlich fixiert werden konnten (Abb. in 10, S. 60; 13, S. 561). Diese Ausbrüche reichten wenigstens aus der Bronzezeit bis in die des Kaisers Diokletian (Beginn des 4. Jahrh. n. Chr.). Ein Nachspiel ereignete sich i. J. 1302 n. Chr. Die geomorphologischen Formen entsprechen in diesen 3 Gebieten jeweils dem letzten vulkanischen Ereignis, sind also vulkanische Aufschüttungs- oder Explosionsformen. Die nachträgliche subaerische Abtragung ist nur an den Kliffs formenbestimmend.

Gesamtübersicht 35

Der Raum des Golfes von Neapel und seiner Landumrahmung wird weitgehend von Brüchen bzw. *Verwerfungen* in SW-NE—Richtung durchzogen, die Rittmann die *tyrrhenische* nennt (6, S. 79ff.). Eine dieser Bruchlinien quert den Südosten der Insel von der Marina dei Maronti bis zum Castello d'Ischia. Ihr folgt das Arso-Senkungsfeld. Südöstlich von ihm erhebt sich der in der gleichen Richtung längs gestreckte Campagnanorükken. Dieses östliche Drittel von Ischia grenzt an den Epomeohorst längs einer N-S—Verwerfung, die von Perrone nach Barano zieht. Das Dreieck im Winkel zwischen dieser und der tyrrhenischen Verwerfung enthält die vielseitigste vulkanische Formenwelt Ischias. Es sei das Sparaina-Montagnone-Gebiet genannt (s. Karte 4).

Die vulkanischen Formen der ischianischen Peripherie setzen sich unter dem heutigen Meeresspiegel fort. Südöstlich der Insel liegt die Abrasionsplatte der Secca d'Ischia, die bis zu —26 m aufragt, ein rundes Gebilde von 2,5 km Durchmesser, nach *Rittmann* (6, S. 68) ein submariner Vulkan mit eingeebnetem Krater. Zwischen dem Nordostende von Ischia und dem von der Brandung aufgebrochenen halbsubaerischen Krater der kleinen Doppelinsel Vivara findet sich die Secca della Formiche, die bis zu —4 m aufragt, vor der Westküste die Secca di Forio. Diese Abrasionswirkungen erklären sich durch die postglaziale eustatische Hebung des Meeresspiegels um rd. 100 m. Während der letzten Eiszeit lag der Meeresspiegel längst tief genug, um Ischia und Procida mit dem Festland zu verbinden. Denn die jetzige Maximaltiefe bleibt hier unter 50 m. Dieser *Landzusammenhang* wird induktiv durch die von *P. Buchner* studierte Einwanderung von landbewohnenden Tausendfüßlern und Asseln bewiesen, die niemals durch das Seewasser auf die Insel hätten gelangen können (10, S. 47).

Die großen Züge der ischianischen *Küsten* sind durch diese postglaziale Ingression bestimmt. Die Halbinseln sind Lavaströme oder Quellrücken, die wenigen der Insel dicht benachbarten Kleininseln Quellkuppen. Das Meer hat während und nach Erreichung seines postglazialen Höchststandes die Lava- und Tuffdecken zu Kliffs zugestutzt, die mehr als 200 m Höhe besitzen können. Im Meeresniveau finden sich, besonders bei schwebender Lagerung der Lavaschichten, unter ihnen Brandungshohlkehlen und -höhlen. Flachstrände ("marine") finden sich nur da, wo junge Tuffe oder die Epomeoschuttmassen ans Meer reichen. Sie bestehen nicht nur aus Sand, sondern auch aus Kies und Geröll.

Die oben genannte Strandablagerung in 500 m Höhe unter dem Epomeo ist nicht das einzige Zeugnis der *allmählichen Heraushebung Ischias* während des Eiszeitalters. *Rittmann* (6, S. 44) fand am landseitigen Nordwesthang des Campagnanorückens in einer Lavabank eine von 180 auf 210 m ansteigende Reihe von Brandungshohlkehlen und -höhlen, die eine stattliche Heraushebung und Schrägstellung dieses Rückens beweist, und *P. Buchner* berichtete mir mündlich von einer alten Strandlinie mit Ablagerungen, die er von La Rita westlich von Casamicciola allmählich absteigend gegen NW zur Punta Cornacchia verfolgen konnte (vgl. auch 25, S. 44). Gehobene Brandungshohlkehlen und Strandlinien sind auch im übrigen an den ischianischen Kliffs nicht selten. Zum Teil dürfte es sich um lokale Erscheinungen vulkanischen Ursprungs handeln.

Diesen deutlichen Zeugen alter Hebung stehen ebenso sichere Beweise einer *in jüngerer Zeit erfolgten Senkung* gegenüber (23—28. 10, S. 46). Nach den Untersuchungen von *Grablovitz*, *Friedländer* und *P. Buchner* senkt sich die Insel seit der Römerzeit um 3—4 mm pro Jahr. Diese Senkung wird auf die allmähliche Erkaltung und Zusammenziehung des die Insel unterlagernden Lakkolithen, der das vulkanische Material geliefert hat, zurückgeführt ("Bradysismus").

Als postvulkanische Erscheinung sind über die Insel *Fumarolen* verteilt, die außer Wasserdampf CO_2 und mitunter H_2S liefern. Oft vereinigen sie sich zu Feldern, die beliebte

Aufenthaltsplätze der Schlangen sind. Sie finden sich bis zu 400 m Höhe (29) und reihen sich oft auf den Verwerfungen an. Man trifft sie auch in den Stränden und in der Flachsee, wo sie das Salzwasser erhitzen. Früher wurden manche von ihnen zur Anlage von Schwitzbädern benutzt. Große balneologische Bedeutung besitzen auch heute noch die zahlreichen *Thermalquellen* (29, 30), deren Ruf durch einen Calabreser Arzt namens *Jasolino* gegen Ende des 16. Jhdts. zu neuem Leben erweckt worden ist (31, 12). Sie scheinen durch das Zusammentreffen von vadosem Wasser mit Fumarolen zu entstehen, wobei die durch die Fumarole zersetzten Produkte der Kontaktgesteine gelöst werden, und das vadose Wasser erhitzt wird (6, S. 93f.). Das Wasser der an den Stränden gelegenen Thermen wird durch das höhere spezifische Gewicht des Meerwassers emporgedrückt und ist mitunter brakisch (29). Viele Thermen sind in der Tiefe der Cave angeschnitten.

Neben vulkanischen Beben, wie sie nach den historischen Quellen mit den Ausbrüchen verbunden waren, treten auf Ischia tektonische *Erdbeben* auf. Die von *Rittmann* zusammengestellte Liste (6, S. 140–43) beginnt mit dem Jahr 1228 n. Chr. Die schwersten bekannten Beben waren die vom 2. Februar 1828, 4. März 1881 und 28. Juli 1883 (32–35). Das erste zerstörte in Casamicciola viele Häuser. Das zweite ließ die dicht westlich benachbarten Dörfer Casa Mennella und Majo in Trümmer sinken, und das dritte vernichtete Casamicciola fast vollständig. Das erste kostete 28, das zweite 229, das dritte 2283 Menschenleben. Die 3 Beben wirkten sich also dicht südlich der Mitte der Nordküste am stärksten aus. Das erste und dritte hatten merkwürdigerweise aber auch Fontana jenseits des Epomeokammes betroffen. Die Isoseisten dieser Beben scheinen den Epomeohorst hufeisenförmig im N, W und S zu umgeben, während das östliche Drittel der Insel unbehelligt blieb (Karte bei *Rittmann*, S. 145). Das deutet auf eine geringe Tiefe des Epizentrums und beweist den tektonischen Charakter dieser Beben. Seit 1883 haben sich auf Ischia nur noch schwache Beben ereignet.

2. Klima und Wasserhaushalt

In einer Breite von $40°41,5'$ bis $40°45,6'$ gelegen nimmt Ischia teil an dem Klima der mittleren Zone des westlichen Mittelmeerbeckens. Trotz der Kleinheit der Insel besitzen die klimatischen Einzelzüge ihrer Teilgebiete noch zahlreiche Besonderheiten. Hier seien zunächst die Grundzüge an Hand der Zahlenwerte der an der Nordostküste gelegenen Station Porto d'Ischia herausgehoben (S. Tabelle). Ich verdanke diese Werte dem Direktor des Geophysikalischen Observatoriums zu Casamicciola, Dr. *C. Mennella*.

Wie überall im Mittelmeergebiet sind die *Sommer* durch Trockenheit charakterisiert. In den Monaten Juni bis August unterschreitet die mittlere Niederschlagshöhe den kritischen Wert von 30 mm, und in ihnen zusammen fallen nur 7,8% der Jahressumme der Niederschläge. Auch die mittlere Zahl der Niederschlagstage, absolut oder relativ gerechnet, die Relative Feuchtigkeit und der Bewölkungsgrad besitzen in diesen Monaten ihr Minimum im Jahresgang. Die Werte der absoluten Maximalhöhen der Niederschläge zeigen jedoch, daß auch anormale Jahre auftreten, in denen diese Regeln durchbrochen werden, da der Einfluß des Azorenhochs in ihnen nicht konstant ist. Wegen der durch die Wolkenarmut bedingten starken Einstrahlung sind die Sommer warm, infolge der ozeanischen Lage aber immerhin kühler als in gleicher Breite im Innern der Iberischen Halbinsel (Madrid August reduziert $28,2°$). Die ozeanische Lage kommt im Sommer deshalb zu voller Auswirkung, weil dann infolge des nach E gerichteten Druckgefälles die Etesien aus NW-Richtung den Löwenanteil in der Verteilung der Windrichtungen besit-

Gesamtübersicht

Klimawerte von Porto d'Ischia (Höhe 35 m) 24- bzw. 30-jährige Mittel

	Jan.	Febr.	Mrz.	Apr.	Mai	Juni	Juli	Aug.	Sept.	Okt.	Nov.	Dez.	Jahr
Mittlere Monatstemperatur	9,9	10,2	12,1	14,4	18,1	21,9	24,5	24,5	22,1	18,6	14,6	11,8	16,8
Mittlere tägliche Max. Temp.	12,4	12,9	15,2	17,7	22,3	25,8	28,2	28,6	25,3	21,3	16,9	14,4	20,1
Mittlere tägliche Min. Temp.	7,6	7,6	9,2	10,8	14,3	17,6	19,7	20,4	17,8	15,0	11,5	9,6	13,4
Mittlere Tagesschwankung d. Temp.	4,8	5,3	6,0	8,0	8,2	8,5	8,2	8,2	7,5	6,3	5,4	4,8	6,6
Mittlere monatliche Niederschlagshöhe in mm	114	97	80	74	36	27	29	22	83	159	132	141	996
Mittl. Zahl d. Tage mit Niederschlag	12,4	11,7	12,1	10,4	6,8	5,0	3,4	2,8	7,5	12,0	14,8	14,5	113,4
Niederschlagshöhe pro Niederschlagstag absolut (%)	40	41	39	34	22	17	11	9	25	39	49	46	31
relativ (mm)	9,2	8,3	6,6	7,1	5,2	5,4	8,5	8,0	11,0	13,2	8,9	9,6	8,8
Absolute Maximalhöhen d. Niederschläge (mm)	333	244	208	198	92	63	154	76	242	474	346	256	1437
Relative Feuchtigkeit (%)	68,5	67,9	67,4	67,8	63,3	66,5	63,0	62,9	66,7	72,0	70,7	71,7	67,5
Bewölkungsgrad (10 teilige Skala)	5,0	5,2	5,1	4,7	4,3	3,1	1,9	1,7	3,0	4,6	4,8	5,4	4,1
Häufigkeit der Windrichtungen in % der Beobachtungszahl jedes Monats (Periode 1903–07) N	15,7	20,4	14,2	8,5	6,9	8,5	12,3	10,9	8,4	8,2	11,1	9,3	11,1
NE	13,5	4,3	3,7	2,0	2,4	1,3	4,5	6,1	3,4	1,9	4,5	6,2	4,5
E	9,2	7,4	7,3	6,0	3,0	2,0	1,1	4,4	6,6	1,3	4,0	5,2	4,8
SE	10,1	13,0	14,8	16,0	15,7	15,3	9,9	8,2	18,8	21,3	15,3	17,2	14,6
S	8,6	12,1	14,0	14,0	11,6	14,2	11,6	7,2	11,3	14,0	15,3	15,0	12,4
SW	6,4	7,1	3,4	4,7	3,4	2,9	2,8	4,4	2,7	3,7	5,3	5,4	4,3
W	7,1	14,0	13,1	15,4	14,8	12,4	8,4	8,6	8,4	11,4	13,5	13,1	11,7
NW	11,6	11,6	18,9	21,4	27,6	32,5	40,0	39,0	27,4	22,8	11,1	10,5	23,0
Windstille	17,8	10,2	10,5	11,8	14,6	10,9	9,0	11,2	12,9	15,5	19,8	18,1	13,5

Klimawerte von Cassamicciola (Temperaturstation: 129 m, Niederschlagstation: 36 m) 10-jährige Mittel

	Jan.	Febr.	Mrz.	Apr.	Mai	Juni	Juli	Aug.	Sept.	Okt.	Nov.	Dez.	Jahr
Mittlere Monatstemperatur	8,8	8,3	11,0	13,8	17,8	22,0	24,8	24,7	21,8	17,9	14,3	10,6	16,3
Mittlere tägliche Max. Temp.	10,7	10,5	13,4	16,7	21,2	25,9	28,7	28,4	25,0	20,6	16,3	12,4	19,2
Mittlere tägliche Min. Temp.	6,8	6,2	8,7	10,9	14,3	18,1	21,0	21,1	18,6	15,3	12,2	8,8	13,5
Mittlere Tagesschwankung d. Temp.	3,9	4,3	4,7	5,8	6,9	7,8	7,7	7,3	6,4	5,3	4,1	3,6	5,7
Mittl. monatliche Niederschlagshöhe	108	96	89	47	25	14	9	14	62	89	164	106	823
Mittl. Zahl d. Tage mit Niederschlag	10,4	10,5	9,8	6,3	4,4	2,2	1,2	1,4	4,4	7,1	12,4	10,4	81,0
absolut	34	37	32	21	15	7	4	5	15	23	41	35	22
relativ	10,3	9,1	9,1	7,5	5,7	6,4	7,5	10,0	14,2	12,5	13,2	9,6	10,2

Klimawerte von Forio (23 m) 10-jährige Mittel

	Jan.	Febr.	Mrz.	Apr.	Mai	Juni	Juli	Aug.	Sept.	Okt.	Nov.	Dez.	Jahr
Mittl. monatliche Niederschlagshöhe	82	77	54	31	19	14	9	11	64	61	118	102	642
Mittl. Zahl der Tage mit Niederschlag absolut	8,3	8,9	7,9	6,0	3,1	1,7	0,9	0,7	4,2	5,1	10,4	11,6	68,8
relativ	27	32	26	20	10	5	3	2	14	16	35	38	19
Niederschlagshöhe pro Niederschlagstag (mm)	9,8	8,6	6,8	5,2	6,1	8,2	10,0	15,7	15,1	11,9	11,3	8,7	9,3

zen (August 40.0%). Das gilt auch für die Höhen bis zu wenigstens 5000 m (36). Die Häufigkeit der Windstillen in dieser Jahreszeit ist dagegen gering. Ein maritimer Zug kommt ebenso in der Tatsache zum Ausdruck, daß in Porto d'Ischia erst der August der durchschnittlich wärmste Monat ist. Wie überall an den Küsten des westlichen Mittelmeeres ist auch die mittlere Tagesschwankung der Temperatur in den drei Sommermonaten am größten, da die Einstrahlung der langen Tage die Maximaltemperaturen dann im Mittel auf mehr als 28° hinauftreibt. Der Durchschnitt der jeweils höchsten Tagestemperaturen aller einzelner Jahre beträgt 33,2°, das absolute Maximum der Beobachtungszeit 36,3°. Auch diese Werte sind relativ niedrig.

Der Herbst bringt die höchsten Niederschläge, nämlich 37,6% der Jahressumme. Wie im Ostsaum Spaniens und in Südfrankreich ist das die Folge der Wirkung des sich dann entwickelnden Westmediterranen Tiefs, das je nach der Lage seines Kerns auch Balearen- oder Genuatief genannt wird. Da dieses im Herbst vorwiegend westlich von Ischia entwickelt ist, fallen die Niederschläge dann oft bei den häufigen SE- und S-Winden. Diese können als Scirocco entwickelt sein, der auf dem langen Weg von Nordafrika bis 40° Br. Feuchtigkeit aufnimmt. Einmal innerhalb der Beobachtungszeit sind im Oktober 477 mm gefallen, d. h. fast die Hälfte des Jahresmittelwertes. Durchschnittlich regnet es an fast jedem zweiten Oktobertag, und die Ergiebigkeit jedes Niederschlagstages ist dann 2 1/2 mal so groß wie im Juni. Auch der Bewölkungsgrad ist im Herbst 2–3mal so stark wie im Sommer, und die Relative Feuchtigkeit erreicht ihr Maximum im Jahresgang. Die Monatstemperatur sinkt vom August zum November um 10°.

Die starke Niederschlagstätigkeit setzt sich im *Winter* fort, der 35,4% der Jahreshöhe bringt. Der Bewölkungsgrad erreicht dann sein Maximum. Das Westmediterrane Tief liegt jetzt oft östlich von Ischia, oder zum wenigsten ist über der südlichen Adria ein Teiltief entwickelt, sodaß kühle Nordwinde bis in große Höhen (36) vorherrschen. Ist es als Genuatief entwickelt, so fallen Aufgleitregen bei W- und SW-Winden (Wetterkarte vom 11. II. 1938 in 36, S. M 16). Die durchschnittlichen Januartemperaturen würden niedriger liegen, wenn nicht die Häufigkeit der Windstillen bei Hochdrucklagen auch ruhige schöne Tage autochthonen Charakters mit sich brächte (Wetterkarte vom 9. II. 1939 in 36, S. M 22). Mit 9.9° Durchschnitt, 12,4° mittlerem Maximum, 7.6 mittlerem Minimum und nur 4.8° Tagesschwankung ist der Januar in seinen Temperaturverhältnissen ausgesprochen subtropisch-maritim. Der Durchschnitt der jeweils niedrigsten Tagestemperaturen aller Jahre beträgt +1.7°. Frost gehört in Porto d'Ischia zu den größten Seltenheiten, und das Thermometer ist in der Beobachtungszeit nicht unter –2.8° gesunken. Die Jahresschwankung der mittleren Monatstemperatur beträgt 14.6°. Sie ist damit zwar wesentlich größer als an der analog gelegenen Westküste Portugals, etwa auf den Berlenga-Inseln (7,5°). Denn diese Schwankung nimmt im Mittelmeergebiet mit der Entfernung vom Atlantischen Ozean beträchtlich zu. Aber sie ist wesentlich kleiner als in den zentralen Teilen der Apennin-Halbinsel.

Der *Frühling* schließlich ist die zweittrockenste Jahreszeit (19,1% der Jahressumme). Immerhin regnet es noch an mehr als einem Drittel der März- und Apriltage, und der Bewölkungsgrad ist noch stattlich. Aber die Niederschlagshöhe pro Niederschlagstag geht wegen der Erwärmung des Landes ihrem Minimum im Mai entgegen. Die Niederschlagsintensität ist also die geringste im Jahreslauf. Der Temperaturanstieg im Frühling vollzieht sich langsamer als der Abstieg im Herbst. Alles in allem besitzt auch der Frühling die Kennzeichen der ozeanischen Klimate. Der April 1954 allerdings, den wir auf Ischia erlebten, war dort ebenso anormal wie in Mitteleuropa. Unaufhörlich wiederholten sich Kaltlufteinbrüche aus hohen Breiten, die zunächst keinen Niederschlag brachten, die dann

Gesamtübersicht 39

aber jeweils mit schweren Gewittern bei stürmischen Westwinden einsetzten. Sie waren von dem über der südlichen Adria liegenden Westmediterranen Tief gesteuert. Mitunter, so besonders am 29. April, gingen ihnen von SW kommende, trockene Warmlufteinbrüche (Scirocco) voraus. Die durchschnittlichen täglichen Maximal- wie Minimaltemperaturen des April (17,7° bzw. 10,8°) wurden dabei kaum jemals erreicht, und am 21. April lag auf dem Nordhang des Epomeo Schnee bis 550 m herab. Die höheren Hänge des Vesuvs sowie der Apuanischen Alpen boten sich schon vom 16. April ab in weissem Kleid, und die Ischianer wurden nicht müde, uns immer wieder darauf aufmerksam zu machen.

Der Jahresniederschlag von Porto d'Ischia ist mit 996 mm stattlicher als der von Neapel, und es unterliegt keinem Zweifel, daß er in den größeren Höhen weit mehr als 1000 mm beträgt. Ischia gehört daher trotz der starken Verdunstung in der Jahresbilanz unbedingt größtenteils dem *Humiden Reich* an, d. h. die Niederschlagshöhe ist größer als die Verdunstungshöhe. Dabei möchte ich allerdings der Angabe *Rittmanns* (6, S. 94), daß der Jahresertrag sämtlicher Quellen Ischias nur 4,26% der Jahresniederschlagsmenge ausmache, kein wesentliches Gewicht beimessen. Denn einerseits fördern die Thermen neben vadosem auch juveniles Wasser, andererseits fließt der Großteil der Starkregen oberflächlich ab, ohne die Quellen zu speisen. In normalen Zeiten allerdings fallen die Bäche Ischias, die größerenteils auf dem Höhenzug des Epomeo entspringen, durch die außerordentliche Spärlichkeit ihrer Wasserführung auf.

3. Die spontane und subspontane Vegetation.

Die anormale Kälte des ersten Frühlings 1954 hatte zur Folge, daß die Blattentwicklung der sommergrünen Holzgewächse am Tage unserer Ankunft, dem 12. April, gleiche Arten verglichen, kaum weiter vorgeschritten war, als fast 900 km weiter nördlich in Stuttgart, das wir tags zuvor verlassen hatten. Nur die mediterranen Gewächse, die Genisteen, die Cistineen und die Baumheide, sowie viele Schmuckgewächse der Gärten kündeten durch ihre Blüte den Frühling an. Erst im Laufe unseres Aufenthaltes entfaltete sich das Grün der blattwerfenden Sträucher und Bäume, vor allem unter dem Einfluß der Regenfälle, und am 1. Mai prangten auch die sommergrünen Eichen*(Quercus pedunculata* u. *Q. Cerris),* die Weinberge und sogar die Kastaniengehölze unter dem Epomeo in ihren zarten, jungen Farben. Die Bestimmung der gesammelten Pflanzen verdanke ich Dr. *K. Jeremias* – Stuttgart, wertvolle ergänzende Mitteilungen über die Pflanzenformationen Dr. *Buchwald* – Tübingen.

Mit Ausnahme der Flächen der jeweils letzten Lavaergüsse oder Aschenregen, der Kliffs und der Strände dürfte ganz Ischia von Natur einen *immergrünen Hartlaubwald* getragen haben. Aber die wenigstens seit 4 Jahrtausenden existierende menschliche Einwirkung hat ihn größtenteils vernichtet. Einen seit langer Zeit nicht anthropogen beeinflußten Hartlaubwald traf ich im Fondo d'Oglio, dem südlichen Rotarokrater. Er besteht vorwiegend aus Steineichen *(Quercus Ilex,* von den Ischianern luscigna genannt*).* Ihre Stämme sind bis zu 10 m hoch. Akzessorisch findet sich der Erdbeerbaum *(Arbutus unedo)* und die Baumheide *(Erica arborea).* Als Sträucher kommen der Spitzblättrige Mäusedorn *(Ruscus aculeatus), Daphne gnidium, Pistacia lentiscus* und andere immergrüne Elemente der Mittelmeerflora vor. Brombeersträucher machen diesen Wald fast undurchdringlich.

In der Nachbarschaft, so am Nordhang des Rotaro, sind dieselben Florenelemente als *Macchie* entwickelt. Zu ihnen gesellen sich hier noch die dunkelgelb blühende *Calycotome spinosa*, die sich im übrigen besonders gern an Wegrändern findet, mehrere *Cytisus*-Arten, so *C. monspessulanus*, der Salbeiblättrige Cistus *(Cistus salvifolius)* mit herrlichen 5-teiligen weißen Blütenrosetten, die Gemeine Myrte *(Myrtus communis)*, der blau oder lila blühende fruchtende Gamander *(Teucrium fruticans)*, die bis 1 m hohe gelb blühende Papilionacee *Spartium junceum, Euphorbia dendroides* u. a.

Am Westhang desselben Berges konnte ich die *Sukzessionsstadien der gleichen Macchie* nach ihrer Rodung beobachten. Alle 8 Jahre wird die Macchie abgehauen. Nur die Steineichen läßt man teilweise stehen. Sie entwickeln sich allmählich zu baumförmigen Ueberhaltern, die Bauholz liefern. Die Macchiensträucher werden in Bündeln getrocknet und für Heizzwecke verwendet. Im nächsten Frühjahr entwickeln sich zunächst der Adlerfarn sowie feuchtwüchsige Knollen- und Zwiebelgewächse, so das herrlich violettrot blühende Neapolitanische Alpenveilchen *(Cyclamen neapolitanum)* und Knoblauscharten (z. B. *Allium neapolitanum*). Von den immergrünen Macchienelementen kommt zuerst *Arbutus unedo* wieder auf, und zwar durch Stockausschläge. Die übrigen oben genannten Arten folgen, und auch hier entwickeln sich die Brombeerranken üppig. Die Macchie des benachbarten Bosco della Maddalena ist jetzt eingezäunt und zwecks Aufforstung zum Reservat der Forstbehörde erklärt worden.

Während die soeben geschilderten Macchien in 100–300 m Höhe wachsen, findet sich an dem Grat, der vom Epomeogipfel nach NW zieht und im Monte Bastia (721 m, auf den Karten 19 u. 20 M. Bianchetto genannt) gipfelt, sowie an den übrigen Steilhängen des benachbarten Rione Falanga ein *weiteres Macchiengebiet,* diesesmal in 600–750 m Höhe. Wegen der Steilheit der Hänge und der Abgelegenheit findet hier keine Rodung statt. Da und dort nimmt daher auch diese Macchie Waldcharakter an. Auch in ihr ist die Steineiche führend. Immergrüne Begleitelemente sind *Arbutus unedo* und *Erica aborea*, sommergrüne die Edelkastanie, *Fraxinus ornus, Spartium junceum, Crataegus monogyna, Euphorbia Characias* u. a. Nach der Untersuchung durch *Buchwald* ist sie noch überraschend artenreich, obwohl der Winterschnee in der Umgebung des Epomeo so reichlich fällt, daß man ihn früher in noch heute erhaltenen, künstlich gegrabenen Vertiefungen sammelte, um ihn im Sommer zu verkaufen (37, S. 498)!

Die *Kliffs* tragen eine ganz schüttere Vegetation aus den Fremdlingen *Agave americana* und *Opuntia ficus indica*, dazu *Centranthus ruber, Capparis spinosa, Helichrysum italicum, Psoralea bituminosa, Artemisia alba, Melica ciliata, Ficus carica, Euphorbia dendroides* u. a. Die halophile Assoziation des *Spülsaumes der Strände* besteht aus *Crithmum maritimum, Cakile maritima, Salsola Kali, Plantago coronopifolius, Lotus creticus* sowie den Levkojen *Matthiola sinuata* und *M. incana*.

4. Die Kulturformationen

Ischia ist seit wenigstens 2000 v. Chr. bewohnt. (10, 13–15, 37–39). Im 8. Jahrhundert v. Chr. entstand hier die erste Griechensiedlung Süditaliens, Pithecussai, nach der die Insel im Altertum genannt wurde. Die Griechen wurden durch den ersten Ausbruch des Rotaro vertrieben. Nach der Seeschlacht bei den Ponza-Inseln i. J. 474 v. Chr. ging Ischia in die Hand der Syrakusaner unter Hieron I. über. Aber auch diese verließen die Insel schon um 400 v. Chr. wieder, wahrscheinlich unter dem Eindruck der furchtbaren Zara-Eruption. Machten doch nach den Forschungen von *P.* und *G. Buchner* die immer wiederholten Ausbrüche die Insel vom 7. Jhdt. v. Chr. bis um 300 n. Chr. zu einer wahren Hölle. Das dürfte der Hauptgrund dafür sein, daß die Römerzeit, die um 300 v. Chr. be-

Gesamtübersicht 41

gann, nicht Spuren von größeren Siedlungen, Villen und Bädern hinterlassen hat. Ischia war zur Römerzeit eine arme Bauern- und Fischerinsel. Auch seit dem Zusammenbruch des Weströmischen Reiches hat Ischia die wechselhaften politischen Schicksale des benachbarten Festlandes geteilt. Infolge seiner exponierten Lage wurde es viel häufiger als jenes durch kriegerische Überfälle von Seefahrern heimgesucht. Von 813 n. Chr. ab plünderten die Sarazenen die Insel mehrfach. Zur Warnung vor solchen Überfällen waren über hohen Kliffs in früheren Jahrhunderten Wachttürme errichtet. Der topographische Name La Guardiola (Die Wächterin) existiert für solche Punkte heute noch dreimal (s. Karte 4), und die ebenflächige Anhöhe dicht westlich von Casamicciola ist die Gran Sentinella (Große Schildwache), der in der Nachbarschaft eine Piccola Sentinella zur Seite steht. Auf der Halbinsel Zara findet sich ein "Sarazenenturm". Die Insel von S. Angelo heißt noch heute "Torre", der zweithöchste Gipfel des Campagnanorückens "Torrione". Die Guardiole auf Ischia entsprechen den Atalayas auf der Iberischen Halbinsel (40). Von 1441 ab herrschten die aragonischen Könige.

Trotz kriegerischer Überfälle, Vulkan- und Erdbebenkatastrophen ist das bäuerliche Leben auf der gequälten Insel immer erneut emporgeblüht. Ischia ist heute sorgfältig angebaut. Die *Pinienhaine,* deren es mehrere auf der Insel gibt, sind erst in den letzten Jahrhunderten gepflanzt worden, und die Pinie spielt neben der Dattelpalme, dem Oleander und dem aus Australien stammenden *Eucalyptus globulus* auch sonst als Schmuckbaum eine große physiognomische Rolle. Im übrigen macht sich, was die nicht der Früchte wegen gepflanzten Bäume anbetrifft, eine Vorliebe der Bevölkerung für *sommergrüne Gewächse* bemerkbar. Als Chausseebaum dient häufig die Platane. In den Caven und auf den weniger steilen ihrer Hänge stehen Hainbuchen, Pappeln, Stieleichen und Haselnußsträucher. Häufig klettert Efeu an ihnen oder den Felswänden empor.

9/10 der Insel werden von Kulturland eingenommen. Dieses beherrscht vor allem die Gebiete der umgelagerten Epomeo-Schuttmassen im N, W und S, während das von den jüngsten vulkanischen Ablagerungen erfüllte Ostdrittel wegen der Durchlässigkeit und Steinigkeit seiner Böden mit Ausnahme der Arsosenke viel ärmer an Kulturflächen ist. Nach der Art der Bodennutzung kann man drei Höhenstufen unterscheiden: die untere und die obere Anbaustufe sowie die Stufe der Kastanienwälder.

Die *untere Anbaustufe* ist rings um die Insel entwickelt. Auf der N-Seite reicht sie bis rd. 250 m, auf der W-Seite bis maximal 400 m und auf der S-Seite bis maximal 600 m empor. Alle bebaubaren Hänge sind in mühsamer Arbeit in *Terrassen* von 2–8 m Höhe aufgelöst. Diese sind mitunter nur wenige Meter breit und wenige Dekameter lang. Stützmauern aus Lava- oder Tuffblöcken führen von den einzelnen Terrassen zu den nächsttieferen hinab. Mauern schließen die Grundstücke auch gegen das Geäder der Zugangs- und Durchgangswege ab. Die Tuffblöcke verwittern schneller als die Lavablöcke, und so geschieht es oft, daß die ersteren unter dem Gewicht der überlagernden Lavablöcke zerdrückt werden, und daß die Mauern einstürzen. Auch die Regengüsse richten an den Mauern und Terrassen Verwüstungen an. Oft engen Blockhaufen, die durch den Einsturz der Mauern entstanden sind, die Wege ein, und das grüne Gehänge zeigt an den Stellen der neuesten Rutschungen und Schlipfe braungelbe Lücken. Nach den Regen des April 1954 erlebten wir es mehrfach, daß ganze Rebgestänge mit frisch ergrünten Blättern an einem Terrassenabsatz frei in der Luft hingen. Die Instandhaltung der Terrassen macht den Bauern also ungeheure Mühe.

Die bei weitem meisten Terrassen der unteren Anbaustufe sind mit *Weinreben* bepflanzt. Diese gedeihen auf den oberflächlich sehr durchlässigen, ja staubigen Böden ausgezeichnet, da sie das Wasser aus der Tiefe heraufsaugen, wozu sie häufig noch in Gräben gepflanzt werden. 58.3% der Kulturfläche Ischias tragen Weinreben (41). Sie ranken sich an Spalieren empor, die bis zu 8 m Höhe besitzen. Die Stangen für sie liefern die Kastanienwälder. Die horizontalen Querverbindungen zwischen den Stangen sind oft aus Spanisch-Rohr (*Arundo donax*) hergestellt. Das Material für die Bindungen der Gestänge stellen die Korbweiden. Bei weitem der größte Teil des Weines wird nach Norditalien ausgeführt.

Zwischen die Reihen der Rebgestänge werden im Frühjahr Pferdebohnen, Bohnen, Kartoffeln, Lupinen, Erbsen, Tomaten, Artischoken usw. gesetzt. Diese finden sich außerdem isoliert in kleinen *Gemüsegärten*. Zur künstlichen Bewässerung dieser Gewächse sowie für Trinkzwecke wird bei vielen Grundstücken das Regenwasser in einer Zisterne aufgespeichert. Göpelwerke zum Schöpfen (norie) sind dagegen wegen des tiefen Grundwasserstandes sehr selten. Statt der Weinreben oder neben ihnen stehen *Fruchtbäume* auf den Terrassen. Größerenteils sind auch sie sommergrün: Feigen, Pfirsiche, Quitten, Kirschen, Mandeln. Dazwischen finden sich auch immergrüne Fruchtbäume: Zitronen, Apfelsinen, Mandarinen, Japanische Mispeln, Johannisbrot. Aber wegen der Wasserarmut trifft man sie nicht wie in der Campagna in Fruchthainen. Solche werden nur von den der Sommertrockenheit von vornherein angepaßten Oelbäumen gebildet.

Nach der herbstlichen Beendigung des Zwischenbaus zwischen den Reb- oder Baumreihen beginnt gegen den Winter zu auf den Terrassenflächen eine Invasion des gelb oder violett blühenden Unkrautes *Oxalis cernua,* das sich mit unglaublicher Schnelligkeit vegetativ vermehrt. Im beginnenden Frühjahr werden die Terrassen daher mit großen Hacken bearbeitet, deren Blattflächen rd. 50 cm hoch und 25 cm breit sind.

Im Becken von Fontana geht an der in 500–600 m Höhe gelegenen Grenze des Weinbaus die untere unmittelbar in die *obere Anbaustufe* über. Dieselbe reicht nach W und N bis an den Fuß der steileren Hänge aus anstehendem Epomeotuff, d. h. bis maximal 750 m empor. Auch in ihr ist das Gelände in eine ununterbrochene Terrassenfolge aufgelöst. Fruchtbäume fehlen hier auf den Terrassen, so daß dieses Gebiet als einziges von Ischia offen wirkt. Die wichtigste Anbaufrucht ist der Winterweizen, z. T. mit Lupinen oder Bohnen im Zwischenbau. Das wichtigste Zwischenbaugewächs aber ist die Korbweide. Sie wird alljährlich zur Gewinnung der Ruten für die Korbflechterei und die Bindung der Rebgestänge bis auf einen Strunk von Handhöhe und Handbreite gestutzt, und im April sieht man nur diese Strunke in Reihen zwischen den aufgrünenden Weizenzeilen stehen. Die Korbweidenkultur ist hier noch in Ausdehnung begriffen, und diese erfolgt mit Hilfe von Stecklingen.

Die *Stufe der Kastanienwälder* findet sich in 250–700 m Höhe auf den W-, N-, und E-Hängen des Epomeozuges und greift nach NE von Monte Trippodi bis zum Rand des Fondo Ferraro vor. Isolierte Kastaniengehölze existieren im N an steilen, dem Anbau unzugänglichen Gehängen, aber auch noch in ganz geringer Höhe, so am Eingang der Cava Fontana bei Casamicciola. In einem N-S— -Querschnitt, etwa in der Länge von Casamicciola, erscheint diese Stufe als mittlere. Denn nachdem man die untere Anbaustufe und die Kastanienwälder durchstiegen hat, erreicht man am asymmetrischen Epomeokamm die obere Anbaustufe.

Die Kastanienselven sind einartige Stangenwälder, aus denen die Bäume nach Erreichung eines Alters von 8–9 Jahren herausgeschlagen werden. Kahlhiebe finden sich nur an den seltenen Stellen fehlenden Gefälles. Die Bäume kommen durch Stockausschlag wieder hoch. Im Frühling vor der Blattentfaltung ist der grasige Boden vom Violettrot des Alpenveilchens und dem Weiß der Blütenglocken des Knoblauchs durchwirkt. Überall trifft man in den Selven Stangendepots, von denen das Holz mit Hilfe von Maultieren auf den steilen Pfaden zu den Weinbauern befördert wird. Die Entschälung der Stangen

Gesamtübersicht 43

erfolgt an Ort und Stelle im Walde. Die Rindenbündel, die man neben den Depots liegen sieht, wandern in die Gerbereien. Wie schon gesagt, werden die Stangen an erster Stelle für die Weinspaliere gebraucht. Außerdem werden aus ihnen Stiele für Haus- und Ackergeräte gefertigt. Trotz ihrer Jugend liefern die Bäume aber auch schon Früchte. Ausgewachsene Exemplare finden sich auf Ischia nur noch selten. Die Edelkastanie ist, wie oben angegeben, ein Element der vorwiegend immergrünen Höhenwälder Ischias gewesen. Die jetzigen einartigen Selven sind also ein Erzeugnis menschlicher Auslese.

5. Siedlung und Verkehr

Die folgende Tabelle enthält nach den neuesten erreichbaren Veröffentlichungen (51—53), die ich dem Entgegenkommen des Statistischen Bundesamtes in Wiesbaden-Biebrich verdanke, die Flächen- und Bevölkerungswerte sowie die Prozente der Berufsverteilung in den 6 Gemeinden Ischias. Die Tabelle wird im weiteren an den entsprechenden Stellen ausgewertet.

Die kleine Insel besaß somit bei der Zählung vom 4. XI. 1951 31 848 Einwohner. Das ergibt die wahrhaft ostasiatische Durchschnittsdichte von 688 E/qkm. 1931 betrug dieselbe 638 E/qkm. Das Wachstum in der Zwischenzeit stellt sich also auf 7,8%. Da die Bevölkerung Ischias sich gleich der ostasiatischen, wie die Tabelle zeigt, vorwiegend vom Landbau und Fischfang ernährt, ist große Armut unvermeidbar, und der ungeheure Kinderreichtum, der dem Besucher auf Schritt und Tritt begegnet, läßt in dieser Hinsicht auch

Gemeinde	Fläche in ha	Bevölkerungszahl: Ortsansäss. Bev. am 4. XI. 1951		Von der berufstätigen Bevölk. waren 1936 beschäftigt in %		
		absolut	Dichte E/qkm	Ackerbau u. Fischfang	Industrie u. Transport	Handel
Ischia	805	10.351	1.285	50,1	29,7	10,8
Casamicciola	560	4.468	798	34,1	36,6	18,1
Lacco Ameno	207	2.060	995	50,3	27,6	14,0
Forio	1.285	6.690	519	66,8	18,8	7,5
Serrara Fontana	669	2.286	340	82,3	8,7	3,6
Barano	1.107	5.993	540	70,8	14,9	9,3
Ganze Insel	4.633	31.848	688	59,4	22,8	9,7

für die nächsten Dezennien trotz des ständig steigenden Fremdenverkehrs keine Änderung erwarten. *Algranati* (41) berechnet für den Küstenring unter 100 m Höhe eine Dichte von nicht weniger als 1090 E/qkm (1931). Nach oben zu nimmt die Dichte mit Ausnahme des Beckens von Fontana stark ab.

In einem so bergigen, durchschluchteten und so intensiv terrassierten Gelände ist es natürlich von großem Vorteil, wenn der Bauer unmittelbar auf seiner Scholle wohnt. Die untere Anbaustufe ist daher von *Einzelhöfen* und selteneren *Weilern* übersät. Die jungen Lavaergüsse sind siedlungsarm oder -leer. Die Einzelhöfe heißen Casa, die Weiler Case, und meist wird zur Unterscheidung der Familienname oder die Herkunft des ursprünglichen Besitzers hinzugesetzt, z. B. Casa Castaldi, Case Cesa, Casa Amalfitano, Casa Capuano. Die Herkunftsbezeichnungen sind im Südwesten der Insel am häufigsten (37, S. 359).

Mitunter nehmen diese Zusätze auch auf geographische Umstände Bezug, so Casa Montagna Caduta (= Bergsturzhof), Casa Mezza Via (= Halbweghof), Casamonte (= Berghof), Casa Fango (Schlammhof). Die Casanamen sind auch erhalten geblieben, wenn aus dem Einzelhof eine größere Siedlung wurde. So bedeutet Casamicciola wörtlich Haus der kleinen Eselin, führt sich aber wahrscheinlich seinerseits auf einen Besitzernamen zurück.

In der Lage der *großen Siedlungen* besteht ein fundamentaler Unterschied zwischen der Nord- und der Südhälfte der Insel. In der letzteren existiert nur eine einzige Küstensiedlung, S. Angelo, und die Dörfer liegen mehr oder weniger hoch im Inneren. Sie reichen hier bis über 450 m empor (Fontana). In der Nordhälfte aber zieht sich heute an der Küste von Ponte d'Ischia im E bis S. Restituta im NW eine fast ununterbrochene Siedlungskette hin, die sich unmittelbar hinter den Laven der Zara-Eruption bis zur Stadt Forio fortsetzt. Die Ausgrabungen von Vater und Sohn *Buchner* haben gezeigt, daß diese Bevorzugung der Nordküste bis in die vorgriechische Zeit zurückreicht. Sind doch die Küstensiedlungen seit alters nicht nur Bauern-, sondern gleichzeitig auch Fischerdörfer, und die Südhälfte macht, von S. Angelo abgesehen, die Anlage von Fischereihäfen unmöglich, da sie fast überall hohe Kliffküsten besitzt, die dem starken Wellengang der Außenseite ausgesetzt sind. Auf der Nordseite dagegen sind die von jungen Laven gebildeten Vorsprünge durch Flachküsten miteinander verbunden, und hier wirken sich auch die vom nahen Festland einströmenden wirtschaftlichen Impulse viel stärker aus, vor allem seit der Einrichtung regelmäßiger Schiffsverbindungen mit Neapel und seit dem Aufblühen des Fremdenverkehrs.

In der Südhälfte haben sich daher auch die alten *Formen der Bauernhäuser* viel stärker erhalten. Das Bauernhaus ist hier ein würfel- oder kastenförmiges Plattdachhaus orientalischer Herkunft. Diese Hausform, die auf der Iberischen Halbinsel nur im äußersten Süden, wo die Maurenherrschaft 5–8 Jahrhunderte gedauert hat, existiert ("azotea"), findet sich hier also als durchgängiger Typ in fast 41° Breite. Diese aus Stein errichteten Häuser sind außen mit einer zementartigen grauen Masse verputzt, und die gleiche Masse deckt auch das mitunter von einer Brüstung umschlossene Dach. Auf diesem wird sie beim Bauen mit großer Mühe festgestampft, um das Eindringen des Regens zu vermeiden. Über das Dach ragt exzentrisch bis zu 1 m ein ebenso grauer Kamin empor. Die Austrittsöffnungen für den Rauch sind wie bei den iberischen Kaminen mitunter seitlich angebracht. Diese Häuser sind meist zweistöckig, und dann führt auf der Außenseite eine von einem Bogen getragene Seitentreppe zum oberen Stockwerk, das die Wohnräume enthält. In den Dörfern besitzen sie auf der Straßenseite oft von Bogen überspannte Loggien. Auch die Städte werden von dieser Hausform mit gewissen Abwandlungen beherrscht. Meistens handelt es sich um Einheitshäuser, die auch die Wirtschaftsräume bergen. Die Weinkeller sind unter ihnen in das anstehende Gestein gegraben. Selbst das Kelterbecken, in dem die Trauben ausgetreten werden, befindet sich innerhalb des Hauses. Die schönsten dieser Häuser sahen wir in der Via Duca degli Abruzzi zu Fiajano, und die Gesamtheit der grauen Würfelhäuser ist nirgends wirksamer als bei dem Weiler Ciglio in der großen Schleife der Straße Panza-Serrara. Wenn man sich das düstere Grau des Zements durch das Weiß eines Kalkanstrichs ersetzt denkt, so könnte dieser Weiler ebensogut in der Alpujarra am Südfuß der spanischen Sierra Nevada stehen, wo im Gegensatz zu Ischia kalkige Gesteine nahe sind. Aber auch auf Ischia nimmt die Gewohnheit zu, diese Häuser zum Schutz gegen Erwärmung weiß zu streichen. Selbst neueste Häuser der Südhälfte Ischias repräsentieren noch diesen Typ, nur sind sie außen rosa, gelb oder braun getüncht. Sogar die Kirchen der Südhälfte tragen keine Giebeldächer mit römischen Ziegeln, sondern enden in einer Kuppelreihe, die mit glasierten Kacheln nach Art der iberischen Azulejos gedeckt ist. Die alte Wallfahrtskirche von S. M. del Monte mit ihrem quadratischen Grundriss und der halbkugelförmigen Zementkuppel gleicht einer kleinen Moschee. Auch bei Profanbauten treten statt der Plattdächer da und dort flache Kuppeln auf. Diese Hausformen wiederholen sich auf Capri, dem süditalienischen Festland, insbesondere Apulien, und in Sizilien und dürften von dorther stammen (42, S. 180–98). Die Sarazenenüberfälle selbst haben auf Ischia keinerlei positive Wirkung entfaltet.

Die Anlegung von *Verkehrswegen* auf einer dem Meer so schroff entragenden und im Innern so bergigen Insel hat natürlich mit großen Schwierigkeiten zu kämpfen. Ein Teil des Innern ist auch heute noch nur auf Maultierwegen zugänglich, die in die Massen von weichem Epomeoschutt durch die Regenfluten von Jahrhunderten mitunter 5–10 m eingetieft sind und Steilaufstiege durch Pflaster- oder Treppenstrecken überwinden.

Bei dieser Lage ist die Vollendung der 34 km langen *Inselrundstraße* eine große Leistung gewesen. Auf der Nordseite ist sie als 1926 fertiggestellte Küstenstraße entwickelt. Auf ihr spielt sich heute ein lebhafter Verkehr mit Motorfahrzeugen, insbesondere auch den in Italien erfundenen Motorrollern, sowie den noch sehr beliebten farbenfreudigen einspännigen Kutschen ab. Auf der Südseite waren die technischen Schwierigkeiten noch größer. Von Panza aus übersteigt die Straße in großen Kehren den Südausläufer des Epomeozuges, um bei Serrara in das Becken von Fontana einzutreten. In ihm umgeht die Straße die tiefsten Teile der Cave in einem großen Nordbogen, der bis nach Fontana hinaufführt und quert diese Einschnitte jeweils am unteren Ende der Flachstrecken, wo der Höhenunterschied zwischen Schluchtsohle und Beckenoberfläche am geringsten ist. Von Barano an benutzt sie die Arso-Senke als bequeme Leitlinie. Auf diesem Südteil ist der Verkehr viel schwächer. Neben den Kurswagen der Autobuslinie sieht man hier viele zweirädrige hohe Karren, die von schön beschirrten Maultieren gezogen werden, mit den länglichen kleinen Weinfässern.

Ischia steht jetzt täglich, im Sommerhalbjahr mehrfach in *Dampferverbindung* mit Pozzuóli und Neapel. Die Schiffe laufen die kleinen Häfen der Nordküste an und fahren teilweise bis Forío. Auf diese Weise hat sich der *Fremdenverkehr* entwickeln können, der wirtschaftlich für die Siedlungskette der Nordseite und für S. Angelo von großer Bedeutung ist, wenn er auch glücklicherweise nicht die Ausmaße, ja Übersteigerungen Capris besitzt. Seine Anfänge reichen in die Zeiten des jungen *Haeckel, Ibsens, Hegels, Ludwigs I. von Bayern, Wilhelm von Humboldts,* des Grafen *F. L. zu Stolberg,* ja *Herders* (1789) zurück. Wird er doch nicht nur durch die Heilquellen und die aesthetischen Reize der Insel selbst angelockt, sondern auch durch den bedeutenden landschaftlichen Großrahmen des Eilandes, den Golf von Neapel mit der klassischen Vulkansilhouette des Vesuvs und dem ständig aus- und einflutenden Fern- und Überseeverkehr.

Der *Fischfang* wird wegen der Mittellosigkeit der Bevölkerung nur mit Barken von durchschnittlich 2 t betrieben und leidet darunter, daß allein Porto d'Ischia sicheren Schutz bietet. Außerdem sind die Gewässer um die Insel stark überfischt. Immerhin sieht man an an vielen Stellen unter Land die Korkreihen der Stellnetze, und nachts spannen die Hecklaternen der Barken einen Lichterbogen über See. Lacco Ameno verfügt über eine von der Gemeinde unterhaltene Thunfischstation. Im übrigen werden Sardinen, Sardellen, Makrelen, Meerbrassen, Seebarben, Zwergdorsche, Muränen, Lampreten und Tintenfische gefangen. Der Jahresertrag liegt bei nur 1200 t (1953: 1162 t).

III. DIE EINZELRÄUME

Die morphologische Übersicht hat zu einer Gliederung Ischias in Einzelräume geführt. Im folgenden sollen diese kurz als individuelle geographische Räume in der Gesamtheit ihres länderkundlichen Inhalts umrissen werden. Unter Bezugnahme auf eine kürzlich veröffentlichte methodische Studie (43) sei betont, daß es sich hier nicht um "Landschaftstypen" handelt, wie *Kanter* solche individuellen Einzelräume nennt (16, S. 414). Ihre Grenzen sind auf der beigegebenen Skizze eingetragen. Die Durchschnittsgröße jedes der 9 Einzelräume beträgt nur 5,1 qkm.

1. *Der Höhenzug des Epomeo.*

Die innere *Grenze* des sichelförmig gekrümmten Epomeorückens ist durch die Grenze des Epomeotuffes gegeben, an der das Becken von Fontana beginnt. Nach außen zu rechne ich ihn bis zur unteren Grenze der Kastanienwälder, schließe also die Montagna Nuova, den nordwestlichen Eckpfeiler, ein. Im S rechne ich die Verlängerung des eigentlichen Epomeozuges hinzu, die, vermutlich ebenfalls tektonisch bedingt, von Serrara (366 m) in grandiosem Abstieg herabzieht und in der phonolithischen Quellkuppe der Torre di S. Angelo (106 m) endet. Diese ist mit dem Festland durch eine kurze Nehrung verbunden, die den kleinen Hafen des Fischer- und Badeortes S. Angelo notdürftig schützt (Abb. 2).

Wegen der tektonisch bedingten Asymmetrie des Epomeozuges ist die *Abtragungsintensität* auf der steilen Außenseite viel stärker als auf der sanfter geböschten Innenseite. Infolgedessen rückt der Kamm allmählich nach innen. An manchen Stellen, so am Colle Jetto und an dem Pass zwischen Epomeo und Pietra del Cantariello (704 m), hat er schon den Rand des Beckens von Fontana und damit die obere Grenze der Epomeoschuttmassen erreicht, so daß an diesen Stellen der Höhenzug nur aus der Außenabdachung besteht. Die Abtragung der Außenseite ist entlang den spitzwinklig nach unten zusammenstrebenden Rüfen so stark, daß sich keinerlei Vegetation halten kann. Zwischen diesen nach unten zu spitzen, kahlen, gelben oder weißen Dreiecken ziehen macchienbedeckte, nach oben zugespitzte grüne Dreiecke zum Kamm empor. Eingeklemmte Riesenblöcke aus Epomeotuff zeugen in den Rüfen und den benachbarten vegetationsbedeckten Schluchten von der Intensität der Abtragung. In den kahlen Dreiecken und im Kamm selbst sind Formen entwickelt, wie sie in ungeschichteten, von Klüften oder Verwerfungen durchsetzten Gesteinen, einerlei ob sedimentärer oder tiefenvulkanischer Entstehung, in wechselfeuchten Klimaten häufig sind (44). Im Kamm und auf den Rippen zwischen den Rüfen sind *spitze Kegel und wölbige Panzer* entwickelt, die einer oberflächenparallelen Abschuppung unterliegen. Da und dort erzeugt die selektive Abtragung so phantastische Formen wie den 8 m hohen, gekrümmten Finger über den in den Felsen gegrabenen Räumen des Epomeogipfels. Diese Formenwelt erinnert stark an den aus einem ungeschichteten oligozänen Konglomerat aufgebauten Montserrat in Katalonien (45). Die in Staffeln abgesunkene Außenseite des Epomeo besitzt entlang den Verwerfungen ebenflächige Steilabstürze (6, S. 1–5), die von der Abspülung und Rüfenbildung nicht erfaßt werden können. Sie zeigen eine winderzeugte Wabenstruktur wie der pfälzische Buntsandstein. Die gleiche Struktur besitzen die senkrechten Seiten der haushohen Sturzblöcke unter diesen Steilwänden.

Zwichen dem Epomeogipfel und der Montagna Nuova ist ein kreisrunder Kessel mit ebenem, stangenholzbedecktem Boden eingesenkt, der *Rione Falanga*. Dieser wird gegen

Abb. 2. San Angelo von NW. Quellkuppe der Insel Torre di S. Angelo. Eine Nehrung verbindet sie mit dem Kliff der Hauptinsel. An ihrem linken Ende die weißen Plattdachhäuser von S. Angelo.

Abb. 3. Epomeogipfel (789) aus dem Rione Falanga (550 m) gesehen. Vorn eine Fläche des Rione Kastanienstangenholz noch kahl. Depots von Stangenholz und Zweigen. Hinten helle Steilwände aus Epomeotuff, z. T. mit dunkler Steineichenmacchie schütter bedeckt.

Die Einzelräume

SE von den Steilhängen des Epomeo und gegen SW von dem zackigen Seitengrat begrenzt, der von der Pietra dell'Acqua (721 m) ausgeht. Der Außenrand des Kessels ist viel niedriger (Pietra Perciata 550 m). Es handelt sich um eine Einsturzkaldera, die nach *P. Buchner* (10, S. 55) wahrscheinlich durch eine von Plinius geschilderte, mit Feuererscheinungen verbundene Explosion entstanden ist. Der Name Falanga (Abgrund) ist griechisch. Durch diese Explosion oder durch Erdbeben sind riesige Blöcke aus Epomeotuff am N- und W-Hang des Epomeorückens abwärts gestürzt worden. Einer von ihnen liegt, von der Brandung unterhöhlt, im Meer beim Landungssteg von Lacco Ameno. Er heißt nach seiner Form Il Fungo (Der Pilz).

Die Riesentuffblöcke am Nord- und Westhang des Epomeo sind vom Menschen oft ausgehöhlt und als Wohnstätten benutzt worden (8). In den unteren Teilen der Stangenholzstufe sieht man nicht selten aufgelassene Terrassen, ja Ackerfurchen, die eine Verkleinerung der unteren Anbaustufe zu Gunsten der Stangenholzstufe verraten. Einst wurde in diesen Höhen von rd. 500 m, wie jetzt noch in der gleichen Höhe der Südseite, sogar Weinbau betrieben, wie ein von *P. Buchner* entdecktes, in einen Tuffblock grabenes Küferbecken beweist. Heute dienen diese *Felsenhäuser* den Stangenholzarbeitern als Unterschlupf. In der Schlucht, die vom Rione Cratica zum Sattel zwischen Epomeo und Bastia hinaufzieht, traf ich ein solches Felsenhaus intakt, von einer rot gestrichenen Tür verschlossen. Am Westhang des Epomeorückens, an dem die Blöcke bis weit in die jetzigen Weinbergterrassen hinunter gestürzt sind, trifft man auch heute noch bewohnte Felsenhäuser. Manchmal ist ihnen ein gebautes Stockwerk aufgesetzt (Abb. 3).

2. Die Nordflanke

Die tektonische *Stufung*, die der Nordabfall des Epomeorückens besitzt, setzt sich in die Nordflanke hinein fort. Etwa 1 km von der Küste werden die Böschungen gering, und es schalten sich ebene Flächen ein, von denen es nochmals steil zum Strand hinabgeht. Es liegt nahe, in ihnen Abrasionsterrassen zu vermuten. Die Einzelzüge dieses Abfalls sind durch die Bergstürze und Rutschungen im Epomeoschutt erzeugt. Bei dem Erdbeben von 1883 ging von der Roccia della Frana (412 m) ein riesiger Bergsturz, die Frana del Caduto, in die Wurzel der Cava del Monaco hinab, und am 24. Oktober 1910, einem Tage mit entsetzlichen Wolkenbrüchen, die in der Nordflanke große Verheerungen anrichteten, folgte ein zweiter. In Majo sieht man heute noch einen Teil der Ruinen von 1881, die jetzt als Ställe oder Weinkeller dienen.

Die beigegebene *Klima*tabelle enthält auch die Temperatur- und Niederschlagsdaten von Casamicciola (46, 47). Ich beschränke mich hier auf einen Vergleich der Stationen Casamicciola und Porto d'Ischia. Die meisten Monate sind in Casamicciola etwas kühler, Juli und August dagegen etwas wärmer, so daß die mittlere Jahresschwankung 16.5° gegenüber 14.6° beträgt. Die mittlere Tagesschwankung ist in Casamicciola in allen Monaten noch kleiner. Die Jahresniederschlagshöhe ist hier wesentlich geringer, und auch die Monatswerte liegen in allen Monaten mit Ausnahme des März und Oktober niedriger. Das sommerliche Minimum des Niederschlagsgangs ist in Casamicciola noch ausgeprägter. Vier Monate unterschreiten den kritischen Wert von 30 mm, und zwar größtenteils sehr erheblich. Die Schwierigkeiten der Wasserbeschaffung für den Anbau im Hochsommer sind also gesteigert. Besonders groß sind die Niederschlagsunterschiede gegenüber Porto im Herbst, da *Casamicciola für die SE- und S-Winde stärker im Lee liegt*. Aber die Niederschlagsintensität ist in Casamicciola wesentlich größer. Das deutet auf eine vermehrte

Erosionsfähigkeit zur Zeit der Wolkenbrüche.

Infolgedessen haben sich in das oben geschilderte Relief die *Cave* eingeschnitten. Sie bilden hier auf der Nordseite fast nur enge Schluchten, deren Hänge schütter übergrünt sind. Meist folgen sie leicht geschlängelt der Hauptabdachung nach N. Aber die östliche von ihnen, die Cava del Puzzillo, ist durch die Ausbrüche des Rotaro nach W abgelenkt worden. Auf diese Weise konvergieren 3 Cave zu einem kurzen, spitzwinklig zur Küste stehenden Stück, der Cava Ombrasco. In ihr liegt in 600 m Entfernung vom Strand das *Thermalbecken von Casamicciola* (29, 30, 48, 6).

Die genannten Caven schneiden hier auf der Südseite des Tales den undurchlässigen, anstehenden Tuffit an, der das Liegende der umgelagerten Tuffmassen bildet. Auf diesem Quellhorizont liegen die Austritte der Thermalwässer. Zur Zeit von *Jasolino* (31) existierten im Thermalbecken von Casamicciola 14 Heißquellen, Ende des 19. Jahrhunderts 21, jetzt 16. Sie besitzen 53–85°C. Die ergiebigste ist der Gurgitello, eine Natriumkarbonatquelle mit Calcium- und Magnesiumkarbonat sowie Koch- und Glaubersalz. Die Thermalwässer werden in die dicht benachbarten Badeanlagen geleitet, die sich um die Piazza dei Bagni verteilen. In einer der genannten Caven, der Cava Fontana, sind entlang den den Tuff durchsetzenden Verwerfungen in die Steilhänge Stollen getrieben, in denen sich das Thermalwasser sammelt. Aus dem von ihm durchsetzten Tuff wird hier der heiße Schlamm gewonnen, der in dickwandigen Karren für die Fangopackungen in die Bäder gefahren wird.

Am nördlichen Hang des Ombrascotales liegt der eine Hauptteil von *Casamicciola*. Der zweite, die Marina, drängt sich auf einem schmalen Anschwemmungsstreifen entlang der Küstenstraße. Er ist das Zentrum des Verkehrs und des Handels. Beide Teile sind durch ein locker bebautes Viertel aus Hotels, Villen und öffentlichen Gebäuden miteinander verbunden. Die in frühhistorischen Zeiten blühende Terracotta-Industrie Ischias, die die Tone der gehobenen Strände verwendete, ist bis auf einen einzigen Betrieb in Cassamicciola eingegangen. Das zweite Zentrum der Nordflanke ist *Lacco Ameno*. Unter den Thermen seines Vorortes S. Restituta befindet sich die Sorgente greca, eine der am stärksten radioaktiven Quellen der Erde, die in einem soeben fertiggestellten eleganten Badehaus genutzt wird.

Nirgends auf Ischia ist die bebaute Fläche ausgedehnter als in der Gemeinde Cassamicciola, die den größten Teil der Nordflanke einschließlich des Nordabfalls des Epomeo umfaßt. Nur 4% des Bodens in ihr sind Ödland (41). Weinreben unten und Stangenholz oben sind die überragenden Nutzungsarten. Gartenbau dagegen ist wegen der Trockenheit des Bodens und wegen des Wassermangels wenig entwickelt. Die überdurchschnittlichen Bevölkerungsdichten und Prozente der in der Industrie Beschäftigten in den Gemeinden Cassamicciola und Lacco Ameno (s. Tabelle) erklären sich durch den Fremdenverkehr.

3. Das Becken von Fontana.

Im Norden 2 1/2 km breit, verengt sich das Becken von Fontana durch die es begrenzenden Höhenzüge gegen S auf 1 1/2 km. Das ganze Becken besteht aus umgelagertem Epomeotuff in großer Mächtigkeit, die auch von den tiefsten Schluchten nicht durchteuft wird, und das *Phänomen der Cave* kommt daher hier zu seiner großartigsten Entwicklung. Entsprechend der Verengung des Beckens konvergieren die Cave nach S auf die Marina dei Maronti. In ihren obersten Teilen sind sie noch verhältnismäßig seicht, und

Abb. 4. Obere Anbaustufe vom Südhang des Epomeogipfels. Hinten Pietra dell Acqua (721 m). Reihen von Korbweidenstümpfen auf den Feldterrassen.

Abb. 5. Imperatore-Kliff. 232 m hoch. Abwechselnde Folge von Tuff- und Lavadecken mit 2 auffälligen Denudationsdiskordanzen. Links oben der Leuchtturm.

bei der im allgemeinen spärlichen Wasserführung ihrer Rinnsale führen oft Wege durch sie von den Ortschaften zu den höheren Feldterrassen. Im mittleren Abschnitt aber verbreitern sich ihre Einschnitte bis auf 180 m (Cava Pagliarito) und sind um etwa gleiche Beträge in die Beckenfläche eingetieft. Im äußersten Süden, im Bereich der Konvergenz, verengen sie sich wieder. Offenbar wegen dieses gänzlich verschiedenen Charakters besitzen die einzelnen Stücke ein und derselben Furche verschiedene Namen. Am Fuß der Montagna Bianca (786 m) des Epomeozuges setzt die Cava Curtodonni ein. Die gleiche Cava heißt unterhalb von Fontana: Bosco, weiterhin in ihrem am stärksten eingetieften engen Stück: Funnina und schließlich in ihrem untersten Teil: dell'Acquara (s. Karte 4).

Der Anbau beschränkt sich im allgemeinen auf die in Riedel aufgelöste Beckenfläche über den Cave, und deren Sohlen tragen nur da und dort Gruppen von Pappeln, Hainbuchen oder Haselnußsträuchern. Ihre steilen Wände unterliegen einer ständigen *Abtragung* durch Bergstürze und Rutschungen, die gelegentlich seichte Seen aufstauen. In den standfesteren Teilen der Cavawandungen sind durch die niederprasselnden Regen *Erdpyramidenfelder* herausgeschnitten worden. In solche standfesten Wandungen haben die Bauern *Gemächer* gegraben, die als Wohnungen, Weinkeller, Gerätekammern oder Ställe dienen. Am heißen Strand der Marina dei Maronti und innerhalb der Cave bei den Heißquellen Olmitello und Cava Scura werden solche Gemächer als Badekabinen und Gaststätten für die Fremden von S. Angelo benutzt. Sehr viele dieser Einzelzüge: die Schluchten mit den steilen Hängen, die Bergstürze und Schlipfe, die Hohlwege, die Höhlenwohnungen, die unbewässerten Anbauterrassen erinnern an das Lößgebiet Nordwestchinas. Denn der umgelagerte Epomeotuff besitzt petrographische Eigenschaften, die denen des Löß nahestehen, und auch die Rolle der Starkregen ist in beiden Gebieten ähnlich (Abb. 4).

Die günstigste Exposition und die Beckenform machen den Raum von Fontana zu dem *wärmsten der Insel.* Die Apfelsinenbäume reichen daher bis nach Fontana (450 m) hinauf, während ihre obere Grenze in der Nordflanke bei 250 m liegt, und Weinfelder mit Pfirsichbäumen finden sich, wie schon gesagt, bis 600 m. *Die obere Anbaustufe ist nur in diesem Raum entwickelt.* In ihrem Bereich fehlen selbst die Einzelsiedlungen. Diese sind überhaupt im Becken von Fontana weniger zahlreich als in der Nord- und der Westflanke. Die Bevölkerung konzentriert sich stärker in Weilern und in Dörfern, in denen sich die oben geschilderten würfelförmigen Häuser drängen. Das Weizenstroh dient in steigendem Maße der Flechterei von Strohhüten und Körbchen. Wie die Bevölkerungstabelle zeigt, besitzt die Gemeinde Serrara-Fontana unter den ischianischen Gemeinden den höchsten Anteil an Ackerbau treibender Bevölkerung (82,3%) und damit die niedrigste Bevölkerungsdichte (340 E/qkm). Diese beiden Zahlen offenbaren den fundamentalen demographischen Gegensatz gegenüber der Gemeinde Casamicciola, in der die Zahl der in der Industrie Beschäftigten sogar größer ist als die der im Ackerbau Tätigen. Alle diese Züge belegen den in anthropogeographischem Sinn altertümlichen Charakter des Beckens von Fontana.

4. Die Westflanke

Die Westflanke bildet den morphologisch am einfachsten gebauten Raum. Nördlich wie südlich von Forío dehnt sich eine *weite, leicht hügelige, ja z. T. ebene Fläche* von 15–60 m Höhe, die mit einem niedrigen Kliff an das Meer grenzt. Von ihr hebt sich das Gelände gegen E und dringt in mehreren Buchten in den steilen Westabfall des Epomeozuges vor. Am inneren Rand einer dieser Buchten findet sich in einem völlig zersetzten

Trachyt das am stärksten tätige Fumarolenfeld Ischias, das der Casa Bellomo. "An steilem Hang treten hier über 100 Fumarolen teilweise mit lautem Zischen zutage. Sie fördern H_2S und setzen Schwefel ab" (*Rittmann*, S. 86). Nach S zu steigt das hügelige Gelände bis auf 150 m und erstreckt sich zwischen dem Epomeozug und dem Imperatoreblock bis zu dem niedrigen Kliff von Succhivo durch.

Diese für ischianische Verhältnisse große Fläche wird bis nach Panza hin fast ausschließlich von umgelagerten Epomeotuff gebildet. Caven fehlen bis dahin. Sie treten erst südöstlich von Panza wieder auf, und zwar in einem jüngeren, beigefarbenen Tuff, dem von Serrara. In diese Cave ist von den Hängen des Epomeozuges umgelagerter Epomeotuff eingeschwemmt. Er verkleidet, seinerseits zerschnitten, mit hellgrauer Farbe die unteren Teile der gelben Schluchtwände und bildet auch hier Erdpyramiden. In der *Klima*tabelle sind auch die Niederschlagswerte von Forio enthalten (47). Sämtliche Monatswerte der Niederschlagshöhen liegen, vermutlich wegen der schon für Casamicciola betonten Leelage, beträchtlich unter denen von Porto d'Ischia, so daß die Jahressumme nur Zweidrittel von der Portos beträgt. Die sommerliche Trockenzeit ist noch ausgeprägter als in Casamicciola. Auch hier dauert sie 4 Monate. Dementsprechend ist auch die Zahl der Niederschlagstage bedeutend kleiner als in Porto.

Trotz dieser Niederschlagsarmut machen Relief und Bodengunst die Westflanke zu dem *ertragreichsten Einzelraum Ischias*. 68,8% der Kulturfläche der Gemeinde Forio tragen Reben, deren Trauben speziell der Wermutbereitung dienen (41). Den Mittelpunkt dieses Weinbaugebietes bildet die einst der Piraterie am meisten ausgesetzte Stadt: Forio, die Stadt der 7 Türme. Sie ist zusammen mit dem in Rechteckblöcken gebauten Tironi die größte Siedlung Ischias, zugleich der einzige Fischerei- und Verkehrshafen der Westküste. Die Bodenergiebigkeit der Nachbarschaft und der eigene bäuerliche Fleiß verleiht der im Kern aus enggedrängten, schmalen Häusern bestehenden Stadt eine gewisse Wohlhabenheit. Diese äußert sich in der Zahl von fast 20 Kirchen, von denen eine, die strahlend weiße Fischerkapelle der Punta del Soccorso auf einer ins Meer hinaus vorgeschobenen Bergsturzmasse aus Epomeoschutt steht, und in der noch größeren Zahl alter, dem spanischen Patiohaus nachgebildeter Paläste.

5. Der Raum von Zara.

Die nur 2 qkm große Nordwestecke von Ischia ist ein Kleinraum von ausgeprägter Eigenart. Wir betreten hier das erste Mal bei der Betrachtung der Einzelräume in vulkanologischem und geomorphologischem Sinn die Peripherie Ischias, und dieser gehören auch die 4 restlichen Räume an. Wir treffen hier auf 2 Lavamassen, die des *Monte Vico* im NE und des *Rione Zara* im SW. Sie sind durch den Talstrunk und die anschließende Bucht von *S. Montano* voneinander getrennt. Der Monte Vico (116 m) bildet eine an Ort und Stelle entstandene Phonolithkuppe mit Tuffbedeckung und ist die Stätte des alten Pithecussai, also der griechischen Kolonisation des 8./7. Jahrh. v. Chr. Die viel größere Trachytmasse des Rione Zara, die nach *Rittmanns* Schätzung (S. 14) weit über 100 Mill. cbm mißt, besitzt eine sehr unregelmäßige Oberfläche mit steilen Kuppen, die bis zu 125 m aufsteigen, und ringsum geschlossenen Wannen, deren größte und tiefste die Inselrundstraße zwischen S. Restituta und Forio als Durchlaß benutzt. Diese Formen sind primäre Folgen der Ereignisse des Ausbruchs, der nach *P. Buchner* (10, S. 53f.) um das Jahr 400 v. Chr. erfolgte und die Syrakusaner vom benachbarten Monte Vico vertrieb.

Die Einzelräume 51

Die Talung von S. Montano ist reich angebaut. Der Sandstrand, der sie abschließt, enthält an seinem NE-Ende eine Stelle, an der eine Fumarole das Seewasser erhitzt, so daß die Badegäste in steigendem Maß hierher gezogen werden. An den landseitigen Hängen des Monte Vico wächst außer einigen Oelbäumen eine häufig abgehauene Macchie aus dem prächtig gelb blühenden Besenginster (*Sarothamnus scoparius* var. *maritimus*), *Calycotome spinosa* und *Euphorbia dendroides,* am seewärtigen Kliff gedeihen die Opuntien üppig. Der auf dem Zaratrachyt stehende Park des Schlosses Villa Mezza Torre unfern der Punta Cornacchia besteht aus Pinien und Steineichen, der Südwestrand nebst dem anschließenden Abschnitt der Westflanke trägt Ölbaumhaine.

6. Der Imperatoreblock.

Der südwestliche Lava- und Tuffblock Ischias gipfelt im Sporn der Punta dell'Imperatore (232 m). Ein weit reichender Leuchtturm auf zwei Drittel Höhe und ein Semaphor auf der Spitze weisen den Schiffen den Eingang in den Golf von Neapel. Die herrlichen, lebhaft gefärbten Profile der Kliffküste dieses Blocks zeigen eine ständige Folge von Lava- und Tuffschichten, von den trachytischen Sockellaven, deren Härte die Erhaltung der ganzen Serie gegenüber der zeitweilig gewaltigen Brandung ermöglicht, über 2 auffällige Denudationsdiskordanzen hinweg bis zu den Bimssteinlapilli der obersten Decke (Profil in 6, S. 59). Die letzteren entstammen dem 450 m weiten Sprengtrichter des Rione Campotese, der die Mitte des Blocks einnimmt, und unter dessen Tuffen *Rittmann* und *Buchner* prähistorische Artefakte gefunden haben. Der Imperatoreblock besitzt mit Ausnahme der Sohle des Campotesekraters wegen der Wasserdurchlässigkeit der obersten Bimsstein- und Lapillidecke unfruchtbaren Boden und trägt daher nur ganz wenige Einzelhöfe mit Weinbau.

7. Der Campagnanorücken.

Wir kommen schließlich zu den 3 Einzelräumen, die das jüngstvulkanische östliche Drittel Ischias zusammensetzen, und beginnen mit dem südöstlichen Glied, dem 4 1/2 km langen Campagnanorücken. Seine *Nordosthälfte,* die im Monte di Vezzi (395 m) und Torrione (376 m) gipfelt, ist aus einer abwechslungsreichen Folge von Lavamassen und Tuffdecken aufgebaut, deren Lagerung durch die hohen Kliffs der Südostseite offenbart wird. Der Sockel dieser grottenreichen Küste und die Quellkuppe der Halbinsel von S. Pancrazio bestehen aus harten trachytischen Laven, die der Brandung Widerstand leisten (6, 25–28). Die weitgeschwungene Bucht westlich der Halbinsel aber wird von dem Kliff der Scarrupata die Barano umrahmt, das aus landwärts fallenden Tuffschichten besteht und daher, wie schon *Fuchs* (21) und *Kranz* (49) betont haben, im Gegensatz zur Darstellung der Karten 19 und 20 ungegliedert ist. Diese Tuffe stammen nach *Rittmann* (6, S. 51–55) von einem der Abrasion zum Opfer gefallenen Scarrupatavulkan, dessen Schlot unter der Bucht zu suchen ist. Seine Auswurfprodukte setzen die ganze *Südwesthälfte* des Campagnanorückens zusammen, deren Oberfläche von der Höhe des Kliffs (220–250 m) sanft nach NW gegen die Arsosenke zu geneigt ist. Am nordwestlichen Fuß und auf der Höhe des Campagnanorückens nützen die in Einzelhöfen und Weilern wohnenden Bauern jede Anbaumöglichkeit aus. Von P. 223 der Oberkante des Scarrupatakliffs führt sogar ein halsbrecherischer Pfad zu einer Anbauoase an dessen Fuß.

8. Die Arsosenke

Die tektonisch entstandene Arsosenke ist von mir nach dem letzten vulkanischen Ereignis Ischias, dem *Ausbruch des Arsovulkans* im Jahre 1302, benannt worden (50). Bei ihm häuften sich dicht östlich von Fiajano braunrote Wurfschlacken zu einem halbmondförmigen Wall, aus dessen Innerem zwei Monate lang ein vulsinitischer Lavastrom hervorquoll. Dieser ergoß sich zunächst schmal nach E und dann, immer breiter werdend und der Achse der tektonischen Senke folgend, nach NE bis in das Meer zwischen Porto und Ponte d'Ischia, wo er 1 km Breite erreicht und heute mit einem niedrigen Kliff endet. Der Schlackenwall ist jetzt über und über mit Weinbergen bedeckt, und die zerrissene, zackige, schwarze Lavaoberfläche, die viele Jahrhunderte lang völlig kahl war und daher Le Cremate (Die Verbrannten) genannt wurde, trägt heute einen herrlichen Pinienhain mit einer schütteren Macchie als Unterwuchs.

Auf der Achse der Arsobruchlinie, die südöstlich vom Arsokrater vorbeiläuft, sind *eine Quellkuppe und 4–5 Krater* aufgereiht. Die Quellkuppe trägt das *Castello d'Ischia* und bildet eine heute mit dem Festland verbundene 91 m hohe steile Insel aus Sodalithtrachyt. Die Nordhälfte dieser Kuppe ist entlang einer Verwerfung im Meer versunken. Das Aragonenschloß auf ihrer Höhe ist heute nicht mehr bewohnt. Einst war das Inselchen die Zufluchtstätte der Ischianer bei Vulkanausbrüchen und Erdbeben (39). Von den Kratern hat der S. Michele 1302 im Zusammenhang mit dem Arsoausbruch nochmals Aschen und Laven gefördert, und unter dem Schlackenwall des Vateliero liegen römische Ziegel (10, S. 61, 59).

Die Arsosenke steigt von ihrem breiten Nordostende nach SW zu allmählich an und endet, sich schließlich stark verschmälernd, bei Testaccio in 159 m Höhe. Außerhalb der Arsolava, auf den Schlacken und besonders den Tuffen, ist sie restlos bebaut und von Siedlungen übersät. Die Gemeinde Barano ist wegen ihrer Fruchtbäume berühmt (s. Tabelle: Gemeinden Barano und Ischia). Die beiden größten Orte liegen am NE- und SW-Ende. *Ponte d'Ischia*, Bezirksstadt und Bischofssitz, hat sich vom 15. Jahrhundert ab unter dem Schutz und als Ableger des Castello d'Ischia entwickelt und ist eine enggedrängte Handels-, Handwerker- und Fischersiedlung. Das Trinkwasser wird ihr seit etwa 1590 n. Chr. (37) durch eine Fernleitung zugeführt, die an der Quelle Buceto nordöstlich des M. Trippodi beginnt und die Tiefenfurche der Arsosenke in einem zweistöckigen Aquädukt, den Pilastri, quert. Der architektonisch hervorragendste Ort Ischias ist *Barano*, besonders um seinen mittelsteil nach N ansteigenden Straßenmarkt herum. Dieser wird oben von einer weißen Renaissancekirche abgeschlossen und besitzt auf seiner Ostseite eine Front verschiedenfarbig gestrichener Würfelhäuser. In der Südwestecke steht die alte Pfarrkirche mit ihrem von gelben Glasurziegeln gedeckten Kuppeldach, und nach W tut sich durch Palmenanlagen hindurch ein ungeheurer Blick auf die Südküste auf.

9. Der Raum Sparaina-Montagnone.

Das Dreieck Sparaina-Montagnone ist in seiner Lage und Ausdehnung durch die Eckpunkte Barano, Perrone und Porto d'Ischia gekennzeichnet. Im Süden, in der Nähe seiner Spitze, ist dieser Raum schmal und besteht fast nur aus dem tektonisch bedingten Ostabfall der Quellrücken Costa Sparaina und M. Trippodi zur Arsosenke. Dieser Abfall ist im Bereich ausgedehnter Trachytlaven von Weinbergen, im Bereich steiler Tuffhänge von

Die Einzelräume 53

dem größten Stangenholzwald Ischias bedeckt (Selva del Napoletano, Bosco Michione). Diese Armut an Feldflächen ist ebenso für die weiter nördlich folgenden Lava- und Schlakkenberge charakteristisch. Sie tragen vor allem die oben (S. 39) geschilderte Macchie mit den Steineichen als Ueberhaltern und erscheinen daher aus der Ferne schütter bewaldet. Die horizontale Tufffläche des Crucifixo del Rotaro ist eine kleine Weinbauoase in diesem Waldgebiet.

Die Nordhälfte unseres Dreiecks wird von 2 Vulkanen beherrscht, dem *Montagnone-Maschiata* (255 bzw. 309 m) und dem Rotaro (266 m). Der erste "stellt eine Quellkuppe mit kesselförmig eingestürztem Scheitel dar" (*Rittmann* S. 30). Nach *P. Buchner* (10, S. 59) ist er eine der spätesten Bildungen Ischias (rd. 200 n. Chr.), und seine Bimssteinmassen bedeckten die Osthälfte der Insel bis zum Colle Jetto hinauf. Von den vorbesprochenen Bergen umgeben liegt südlich des Maschiata der rd. 80 m tiefe, steilwandige Kessel des Fondo Ferraro. Es erscheint mir unsicher, ob er ein Krater ist, wie schon *L. v. Buch* (22) vermutet. Wahrscheinlicher handelt es sich um eine von rings her ausgesparte Hohlform.

Der *Rotaro* ist ein sehr kompliziert gebautes Gebilde (Blockdiagramme in 6, S. 26f.; 10, S. 58; 13, S. 556). Der Eruptionspunkt hat sich allmählich immer weiter nach N verschoben. Der älteste Krater, einem Stratovulkan angehörend, ist im Kessel des Fondo d'Oglio erhalten. Nördlich von ihm entstand über einem neuen Krater die schönergundete Quellkuppe des heutigen Hauptberges, an dessen Westhang Massen von lebhaft gefärbten Schlacken und Bomben aufgeschlossen sind. Schließlich bildete sich dicht vor der Küste ein nach N offener Halbkessel, auf dessen östlicher Schleppe ein kleiner auffälliger Extrusionspfropfen, die Pietra di Vono, thront, während die dem Halbkessel entquollene Lava ins Meer floß und heute die Punta della Scrofa bildet. Ungefähr gleichzeitig entstand die dicht benachbarte kleine Staukuppe des M. Tabore (95 m). Nach *Buchner* erstreckten sich diese Ereignisse vom 8. Jahrh. v. Chr. bis rd. 300 n. Chr. (10, S. 53, 56–59).

Das runde Hafenbecken von *Porto d'Ischia* schließlich bildet einen um 250 v. Chr. entstandenen Krater (10, S. 54). Erst 1854 wurde er künstlich zum Meer hin geöffnet. Seither sind in seinem Umkreis stattliche Häuserkomplexe entstanden, während der alte Ort weiter östlich, am Fuß des Hügels von S. Pietro, liegt. Bildet jener Kratersee doch heute den bei weitem wichtigsten Personen- und Frachthafen der Insel. In der Gegenwart ist ein anmutiges Villenviertel in Entwicklung begriffen, das entlang modernen Straßen in die Pineta del Arso hineingebaut wird und Porto mit Ponte verbindet. Es gibt der Bedeutung Portos als See- und Thermalbad repräsentativen Ausdruck. Die vielseitige wirtschaftliche Aktivität von Porto und Ponte d'Ischia lassen die Bevölkerungsdichte der das östliche Viertel der Insel einnehmenden Gemeinde Ischia auf 1285 E/qkm steigen.

LITERATUR

1. *Auer, V.* The Finnish Expedition to Tierra del Fuego in 1928–1929. Helsinki 1934. 16 S.
2. Verschiebungen der Wald- und Steppengebiete Feuerlands in postglazialer Zeit. Acta Geographica 5, No. 2. Helsinki 1933. 313 S.
3. Der Kampf zwischen Wald und Steppe auf Feuerland. Die finnischen Expeditionen in Feuerland und Patagonien. Pet. Mitt. 85, 1939, S. 193–97.
4. *Salmi, M.* Die postglazialen Eruptionsschichten Patagoniens und Feuerlands. 115 S. Wissenschaftliche Ergebnisse der Finnischen Expedition nach Patagonien 1937–38, unter Leitung von *Väinö Auer*. Bd. I, Helsinki 1941. III. Geologica-Geographica 2.
5. *Auer, V.* Der Torf und die Torfschichten als historische Urkunden Feuerlands und Patagoniens. Geol. Rdsch. 32, 1941, S. 647–71.

6. *Rittmann, A.* Geologie der Insel Ischia. Zeitschr. f. Vulkanologie. Erg. Bd. VI. Berlin 1930. 265 S. Mit 40 Figuren im Text, 12 Tafeln, einer vulkan.-tekton. Karte 1:25 000 u. einer geol. Karte 1:10 000. 16 S. Lit. Verz.
7. *Koch, A.* Paul Buchner. Leben und Werk. Mit einer Bibliographie u. einem Geleitwort von H. Carossa. München 1951. 21 S., insbes. S. 11f.
8. *Buchner, P.* Felsenhäuser auf Ischia. Natur u. Volk 69, 1939, S. 377–85.
9. Vom Werdegang einer vulkanischen Mittelmeerinsel. Nova Acta Leopoldina. N. F. 9, Nr. 64, 3 S. 1940.
10. Formazione e sviluppo dell'Isola d'Ischia. Studi di Geologia, Zoologia e Preistoria. Riv. Scienze Naturali "Natura" 34, 1943, S. 39–62.
11. Ischia e Capri. Un confronto baseato sulla geologia delle due isole. Il Filomate. Riv. Sci. Mat., Fis. e Nat. 1, 1948.
12. Giulio Jasolino, medico calabrese del cinquecento che dette nuova vita ai bagni dell' Isola d'Ischia. Arch. Stor. per la Calabria e Lucania 18, 1949. 19, 1950.
13. *Buchner, P. u. G.* Die Datierung der vorgeschichtlichen und geschichtlichen Ausbrüche auf der Insel Ischia. Naturwiss. 28, 1940, S. 553–64.
14. *Buchner, G.* Nota preliminare sulle ricerche preistoriche nel'Isola d'Ischia. Boll. Paletnologia Italiana. Nuova Ser. I, 1936/37.
15. Vita e dimora umana nelle isole flegree, dall'epoca preistorica ai tempi romani. Tese di laurea. Roma 1938.
16. *Kanter, H.* Ischia und Capri. Zeitschr. Ges. Erdkde. Berlin 1926, S. 409–25.
17. *Lautensach, H.* Quelpart und Dagelet. Vergleichende Landeskunde zweier koreanischer Inseln. Wiss. Veröff. Mus. Länderkde. Leipzig 1935, S. 177–206.
18. Madeira. Eine länderkundliche Skizze des Archipels. "Erdkunde" 3, 1949, S. 212–29. J. G. Granö gewidmet.
19. *Istituto Geografico Militare,* Carta di Italia 1:25 000. F^o. 183. Isola d'Ischia.
20. Carta topografica dell'Isola d'Ischia 1:10 000 (von Armandi, Grupelli u. Rossi). Neue Ausg. 1907. Isohypsenabstand 5 m.
21. *Fuchs, C. W. C.* Monografia geologica dell'Isola d'Ischia. Mem. R. Comitato Geologico Italiano 2. Firenze 1873 (vgl. Jahrb. Geol. Reichsanstalt Wien 22, 1872. Mineralog. Mitt. S. 199–238).
22. *Buch, L. v.* Ischia.v. Moll's Neue Jahrb. f. Berg- u. Hüttenkunde 1, 1809, S. 343–53.
23. *Grablovitz, G.* Osservazioni mareographiche in Italia e specialmente su quelle fatte ad Ischia. Ann. Uff. Centr. Meteor. 14, 1892.
24. Il mareographo d'Ischia in relazione ai bradisismi. Boll. Soc. Sism. Ital. 18, 1911.
25. *Friedländer, I.* Sui bradisismi dell'Isola di Ischia e sulla "Grotta del Mago". Boll. R. Soc. Geogr. Ital. 75, 1938, S. 44–54.
26. *Algranati, G.* Variazioni della costa dell'Isola d'Ischia negli ultimi secoli attraverso documenti storici. Atti XI Congr. Geogr. Ital. Vol. II. Napoli 1930, S. 341–344.
27. *Platania, G.* La grotta del Sole nell'Isola d'Ischia e il bradisisimo. Boll. Soc. Nat. Napoli 49, 1937, S. 115–21.
28. *Puglisi, M..* La Grotta del Sole e i culti preistorici. Gli Abissi. Riv. Speleol. e Geogr. Fis. 1938, S. 155–60.
29. *Francesco, J.* La termicità dell'Isola d'Ischia. Tese di Laurea. Napoli 1937. Manuskript.
30. *Voigt, A.* Die Insel Ischia, besonders in balneologischer und klimatologischer Beziehung. Berlin. Klin. Wochenschrift 20, 1883, S. 574, 591, 623, 638, 655.
31. *Jasolino, G.* De' rimedi naturali che sono nell'Isola die Pithecusa, hoggi detta Ischia. Napoli 1588. Neuauflagen 1689, 1751, 1769.
32. *Rath, G. vom* Über das Erdbeben von Ischia vom 4. März 1881. Sitz. Ber. Niederrhein. Ges. f. Natur- u. Heilkde. in Bonn 38, 1881, S. 192–98.
33. *De Rossi, M. S.* Sul terremoto di Casamicciola (1883). 4 relazioni a S. E. il Ministro di Agr., Ind. e Comm.-Boll. Volcan. Ital. 11, 1884, S. 83, 91.
34. *Diener, C.* Das Erdbeben auf der Insel Ischia am 28. Juli 1883. Mitt. Geogr. Ges. Wien 27, 1884, S. 23–32.
35. *Johnston-Lavis, H. J.* Monograph of the earthquakes of Ischia, a memoir dealing with the seismic disturbances in that island from remotest times, with special observations on those of 1881 and 1883. Naples and London 1885.
36. *Reichsamt für Wetterdienst,* Flugklimatologie westl. Mittelmeer. Berlin 1941, insbes. S. F. 44:

Literatur 55

Häufigkeit der Windrichtungen in v. H. in Ischia, und S. F. 55: Mittl. Windstärken in km/Std. über Ischia.

37. *D'Ascia, G.* Storia dell'Isola d'Ischia. Napoli 1867. 527 S.
38. *Kaden, W.* Die Insel Ischia in Natur-, Sitten- und Geschichtsbildern aus Vergangenheit und Gegenwart. Luzern 1883. 115 S.
39. *Algranati, G.* Rapporti tra i fenomeni del vulcanismo e la formazione dei centri e variazione della popolazione nell'Isola d'Ischia. Rend. Accad. Sci. Fis. e Mat. Ser. IVa, Vol. 6, 1936. 23 S.
40. *Lautensach, H.* Die topographischen Namen arabischen Ursprungs in Spanien und Portugal. "Die Erde" 1954, S. 219–243.
41. *Algranati, G.* Osservazioni antropogeografiche sull'Isola d'Ischia. Boll. R. Soc. Geogr. Ital. 74, 1937, S. 1–25.
42. *Marçais, G.* Manuel d'art musulman. L'architecture. Tunisie, Algerie, Maroc, Espagne, Sicile. 2. Bde. Paris 1926/27, zus. 967 S.
43. *Lautensach, H.* Ueber die Begriffe Typus und Individuum in der geographischen Forschung. Münchner Geogr. Hefte. Nr 3. 1953, 33 S.
44. Granitische Abtragungsformen auf der Iberischen Halbinsel und in Korea. Ein Vergleich. Pet. Mitt. 1950, S. 187–96 u. C. R. Congr. Int. Geogr. Lisbonne 1949. T. II, Sect. II, S. 270–96.
45. *Jessen, O.* Montserrat. La Montaña sagrada de Cataluña. Estud. Geogr. XII, 44. Madrid 1951, S. 461–525.
46. *Eredia, F.* Distribuzione della temperatura dell'aria in Italia nel Decennio 1926–1935. Roma 1942. 129 S.
47. Precipitazioni atmosferiche in Italia nel Decennio 1921–30. Roma 1934. 320 S.
48. *Grablovitz, G.* Sulle aque termali dell'isola d'Ischia con riguardo speciale a quelle del bacino di Gurgitiello in Casamicciola. Ann. Uff. Centr. Meteor. 12, 1890. Roma 1893.
49. *Kranz, W.* Vulkanische Bildungen am Golf von Neapel. Pet. Mitt. 1912 I. Ischia S. 203–05.
50. *Del Gaizo, M.* Notizie intorno all'eruzione del 1301 . . . nell'isola d'Ischia. La Rassegna Italiana. Roma 1884.
51. *Istituto Centrale di Statistica,* IX Censimento Generale della popolazione e Rilevazione delle abitazioni. 4 e 5 novembre 1951. (Roma 1952).
52. *Istituto Centrale di Statistica,* VIII Censimento Generale della popolazione 21 aprile 1936. Popolazione residente e popolazione presente, secondo le categorie di attività economica, in ciascun commune del Regno. Roma 1937.
53. *Istituto Centrale di Statistica,* Atlante dei communi d'Italia. Circoscrizioni al 30 giugno 1950. Roma 1951. Tafel 68.

Hinweis auf neuere weiterführende Literatur zu Madeira und Ischia

W.-D. Blümel. Madeira. Demographie, Sozialstruktur u. wirtschaftl. Situation einer übervölkerten Insel. Karlsruhe Geogr. Hefte 4, 1973.

A. Wirthmann u. W.-D. Blümel. Zur Landschaftsgliederung von Madeira. Schr. d. Geogr. Inst. Kiel, Bd. 39 (Beitr. z. Geogr. der mittelatlant. Inseln). Kiel 1973.

W.-D. Blümel. Der Fremdenverkehr Madeiras. Ebenda Kiel 1973.

D. Buchner Niola. L'Isola d'Ischia. Studio Geografico. Mem. d. Geogr. Econ. e Antrop. N. S. Vol. III (1965). Napoli 1965. Ist. di Geografia dell'Universita.

P. Buchner. Gast auf Ischia. Aus Briefen und Memoiren von 300 Jahren. München 1968.

TAORMINA UND SEINE LANDSCHAFT

"Dieser Ort, welcher ehemals unten lag, und nun auf einem hohen Vorsprung des Taurus steht, hat die herrlichste Aussicht nach allen Seiten, vorzüglich von dem alten Theater, einem der kühnsten Werke der Alten. Rechts ist das ewige Feuer des Ätna, links das fabelhafte Ufer der Insel, und gegenüber sieht man weit, weit hinauf an den Küsten von Calabrien." So zeichnet kurz, aber vielseitig *J. G. Seume* in seinem "Spaziergang nach Syrakus" die Lage jener Siedlung, die sich heute zu dem bei weitem am meisten besuchten Kurort Siziliens entwickelt hat, und begründet gleichzeitig die mächtige Anziehungskraft, die sie weithin nach Norden bis nach Schottland und Skandinavien ausübt. Diese liegt nicht in heilkräftigen Quellen, nicht in einem bequemen Sandstrand, nicht in schattigen Wäldern mit lockenden Spazierwegen, sondern vornehmlich in dem erhabenen Bild, das sich von ihrer Höhe, insbesondere von dem Zuschauerraum des antiken Theaters bietet. "Setzt man sich nun dahin, wo ehemals die obersten Zuschauer saßen, so muß man gestehen, daß wohl nie ein Publikum im Theater solche Gegenstände vor sich gehabt."

Der Standpunkt, den *Goethe* in den Aufzeichnungen der "Italiänischen Reise" am 7. Mai 1787 mit diesen Worten charakterisiert, liegt 250 m über dem Meeresspiegel an der Ostküste Siziliens, je 45 km von Messina und Catania entfernt. Nach Südwesten schaut man über das römische Backsteinmauerwerk und die schlanken weißen korinthischen Säulen des Proszeniums und durch die Lücken seiner ruinenhaften Front über Steilhänge, auf denen die dunklen Spitzkegel der Zypressen und die breitausladenden Kronen der Palmen sich abzeichnen, hinab zur Küste. In tiefer Bläue dehnt sich das Ionische Meer gegen Osten, vom Land durch einen bis in große Ferne hinaus gelbleuchtenden schmalen Strand getrennt. Im Mittelgrund stürzt das Land mit einer geradlinigen Steilküste ab. Lang zwängt sich der weiße Fischerort Giardini zwischen Steilabfall und Meer, und die Küstenbahn Messina-Catania durchtunnelt die gelegentlichen Vorsprünge. Weit ragt dann die flache Halbinsel des Kap Schisò ins Meer vor. Dunkel legt sich das Grün der Südfruchthaine über sie und die südlich anschließende Delta-Ebene des Fiume Alcántara. Dieser färbt das Meerwasser weit hinaus braun, und je nach der vorherrschenden Windtrift wird diese braune Masse vor der Mündung bald nach Norden, bald nach Süden abgedrängt. Der Fuß des Ätna kurvt dann in breiter Ausladung nach Osten vor, und weit hinten am Horizont, in 90 km Entfernung, schieben sich die Hybläischen Berge (986 m) noch viel stärker gegen Morgen hinaus. An ihrem Ende ahnt man Syrakus. Hinter der Steilküste des Mittelgrundes zieht scharf zertalt und schütter bebaut ein Rücken gegen Westnordwesten zum M. Mastrissa (420 m) empor. Als zweite Kulisse, von jener ersten durch das Alcantaratal getrennt, ragt das Bergland von Castiglione (809 m) auf, und dahinter erhebt sich, in ungeheurer Breite dahingelagert und gleichzeitig zu der imponierenden Höhe von 3300 m aufsteigend, der größte Vulkan Europas. Sanft entsteigt seine Profillinie dem Meer und nimmt, von den parasitären Kratern um Trecastagni überragt, gegen rechts an Steilheit allmählich zu. In rund 2000 m setzen wesentlich schroffere Böschungen ein, vor allem in der Umgebung des Flankenkessels der Val del Bove. Die oberste Gipfelregion erhebt sich wie der Buckel eines Schildes scharf abgesetzt über ihrer

Taormina und seine Landschaft

Umgebung. Ihr entquillt fast ständig eine schmale Rauchwolke, die in mehr oder weniger großer Höhe vom Winde abgebogen wird. Die Taormina zugekehrte Seite des riesigen Berges läßt deutlich die Haupthöhenzonen erkennen: die von zahlreichen geschlossenen Dörfern durchsetzte Zone intensiven Anbaus, die Zone der großen Wälder (*Bosco di Linguaglossa*) und die fast pflanzenlose Zone der oberen Laven und Aschen. Die letztere setzt

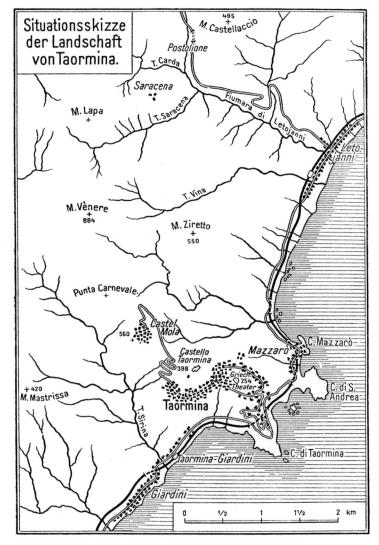

Karte 5

in rund 2000 m ein und glänzt bis tief in den Frühling hinein in strahlender Weiße. Als dunkler Strich zieht einer der Lavaströme von 1928 bis in die nächste Nähe des Meeres bei Mascali herab. Unter dem rechten Abstieg des Ätna gewahrt man im Vordergrund auf einer 250 m hohen Bergterrasse die weißen Hauswände und stumpfroten Ziegelflachdächer der Altstadt von Taormina. Rechts daneben ragt mit orangegelben und grauen Steilwänden, von einer Akropolis gekrönt, der Burgberg von Taormina (M. Tauro) auf. Dahinter lugt die nach rechts überhängende Kuppe von Dorf und Burg Mola hervor, über ihr türmt sich, ebenfalls mit wilden Steilwänden nach Nordosten abfallend, der höchste Berg der näheren Umgebung Taorminas, der M. Vènere (884 m) auf, und zur äußersten Rechten schließt der felsige Tafelberg des M. Ziretto das Bild.

Wendet sich der Blick vom Theater rückwärts nach Nordosten, so setzt sich der Typus des südwestlichen Mittelgrundes bis in die letzte Ferne fort. Über einer geradlinigen Steilküste steigen die Seitenkämme des Peloritanischen Gebirges auf. Besonders wuchtig wirkt der von einem felsigen Rande gekrönte Seitenkamm der Höhensiedlung Forza d'Agro, der in dem durchtunnelten Vorsprung des Kap S. Alessio endet. Zwischen Steilküste und Meer drängen sich Straße, Bahn und schmale, lange, von Südfruchthainen umkränzte Ortschaften, so im Mittelgrunde der Flecken Letojanni. Hinter den Seitenkämmen ist da und dort, bis ins Frühjahr schneebedeckt, der Hauptkamm des Peloritanischen Gebirges (1100–1350 m) sichtbar. Im Nordosten dehnen sich jenseits des Meeres die breiten Hochflächen von Kalabrien. Die entgegenstrebenden Küsten verschwinden im Dunst der trichterförmigen Meerenge von Messina.

Am Kap Schisò liegt die altehrwürdige Stelle, an der die griechische Kultur Siziliens ihren Anfang genommen hat. Hier wurde im Jahre 735 vor Beginn unserer Zeitrechnung von Chalkis auf Euböa aus die Kolonie Naxos gegründet, hier versammelte sich die Blüte der sizilischen Griechen, um vor dem ältesten Griechenaltar der Insel zu opfern und Dankesgeschenke zu geloben, ehe sie nach Olympia zum Wettkampf auszog. Heute trägt die aus dem nordöstlichen Vorposten der Ätnalaven bestehende Landzunge in einem Zitronengarten nur noch spärliche Spuren ihrer kulturhistorischen Bedeutung. Dionys von Syrakus zerstörte 403 v. Chr. die Stadt Naxos, da sie im Peloponnesischen Krieg Athen Unterstützung gewährt hatte, und schenkte ihr Gebiet den einheimischen Sikelern. Diese gründeten an Stelle von Naxos im Jahre 396 v. Chr. auf der Bergterrasse die Stadt Tauroménion, das heutige Taormina, und legten auf der überragenden felsigsteilen Kuppe in fast 400 m Höhe die zugehörige Akropolis an. Gräberfunde an ihrem Hang zeugen von einer noch viel älteren Sikelersiedlung. Bereits vier Jahre später wurde auch die neue Stadt, da sie sich den Karthagern angeschlossen hatte, von Dionys zerstört. Im Jahre 358 wurde sie von Andromachos, dem Vater des Geschichtsschreibers Timaios, dessen Erinnerung der Name des Hotel Timeo festhält, mit Bürgern aus dem ehemaligen Naxos neu begründet. Es folgt eine Zeit einheimischer und fremder "Tyrannen". Als Teil des Herrschaftsbereiches Hierons II. von Syrakus bleibt Taormina eine der allerletzten Griechenstädte der Halbinsel. Tauroménions Schicksal geht in das gesamtsizilische Schicksal ein, nachdem durch die Eroberung von Syrakus (212 v. Chr.) Hierons Reich zerstört und auch der letzte Rest Siziliens in römische Hand gelangt war. Zeugen der hellenistischen und römischen Zeit sind außer dem großen "Griechischen" Theater, dem Hauptschaustück für die heutigen Besucher, das kleine "Römische" Theater (Odeum), in dem im Gegensatz zu jenem die steinernen, halbkreisförmigen Sitzreihen erhalten sind, ein rechteckiges, über 100 m langes Wasserbecken, die Raumachie, und die Cella eines Serapistempels, in die die Kirche S. Pancrazio hineingebaut worden ist.

Die Jahrhunderte byzantinischer Herrschaft haben im Stadtbild Taorminas keinerlei verbürgte Spuren hinterlassen, mit Ausnahme von zahlreichen Felsengräbern, die von der Bedeutung der Stadt auch in dieser Zeit zeugen. 902 n. Chr. fiel Taormina als letzte Stadt Siziliens in die Hand der Sarazenen. Nach gänzlicher Verwüstung wurde sie unter dem Namen Moezzia neu aufgebaut. An die Sarazenenzeit erinnern Namen wie Contrada Mufadi (Gasse in Taormina), Kaggi (Dorf in der Nachbarschaft), Saracena (Weiler nordwestlich des M. Vènere), Alcantara (arab. = die Brücke) und Mongibello (Lokalname für den Ätna) sowie manche architektonische Einzelzüge der Bauten der älteren Stadt, etwa die Schwalbenschwanzform der Zinnen oder die Abwechslung von weißem Kalk und schwarzer Lava an den Außenwänden, durch die mosaikartige Muster erzeugt werden. Unter den von den Sarazenen eingeführten Kulturgewächsen geben Zitronen- und Johannisbrotbäume noch heute der Kulturlandschaft um Taormina das Gepräge, Mandel-, Feigen- und Ölbaum sowie der Rebstock stammen dagegen aus dem Altertum, während Agave und Opuntie nach der Entdeckung Mexikos, die Apfelsine nach der Chinas eingeführt sind, und die Japanische Mispel erst gegen Ende des 18. Jahrhunderts erscheint. Der arabische Geograph Edrisi nennt die Bucht von Giardini einen "Hafen für Fahrzeuge aus allen Gegenden".

Auch die Normannen- und Stauferzeit, die in anderen Teilen Siziliens herrliche Bauwerke hinterlassen haben, kommen im architektonischen Bilde der Stadt nicht unmittelbar zum Ausdruck. Die ältesten, noch heute unzerstört erhaltenen Gebäude stammen aus dem 14. und 15. Jahrhundert und vertreten einen südeuropäisch umgeformten gotischen Stil. Zu ihnen gehören der Palazzo Corvaja an der Piazza Vittorio Emmanuele, der jetzt als Rathaus dient, der Palazzo Ciampoli und Palazzo del Duca di Santo Stefano, die außerhalb der geschlossenen Häuserfronten aus einem Fruchtgarten aufragende Badia Vecchia ("Alte Abtei"), der wenig ansehnliche Dom und das ehemalige Dominikanerkloster, das jetzt das vornehmste Hotel der Stadt beherbergt.

Die Altstadt von Taormina drängt sich in einem nach Nordwesten offenen Viertelkreis auf jener in halber Höhe in den meerseitigen Abfall des Burgberges geschnittenen scharfrandigen Terrasse zusammen. Die Achse der Stadt wird von ihrer einzigen Hauptstraße gebildet, dem horizontal verlaufenden Corso Umberto. Dieser beginnt im Norden an der wohlerhaltenen Porta Messina, quert die Piazza Vittorio Emmanuele und endet im Westen am Uhrturm der Porta Catania. Die Altstadt reicht jedoch noch 150 m weiter über die rechteckige Piazza S. Antonio hinaus bis zum "Sarazenenturm". Hier, im westlichen Viertel der Altstadt, läßt die Breite der Terrasse die Entwicklung von Parallelsträßchen und Diagonalgäßchen zu. Im Mittelstück jedoch besteht das Straßensystem nur aus dem Corso Umberto und senkrechten engen Seitengassen. Unter den von riesigen Stützmauern unterbauten aussichtsreichen Außenfronten der Hotels zieht hier hart am Terrassensteilrand die neue Promenade der Via Roma entlang. Im Nordosten legt sich vor den doppelgipfligen Höhenzug des Griechischen Theaters eine 30 m tiefere Terrasse. Die sanfte Abdachung von der einen zur anderen Terrasse ist in die geschlossene Altstadtbebauung einbezogen und trägt das verbreiterte Nordostende der Altstadt, das Naumachia-Viertel. An dieses lehnt sich gegen Südosten das Viertel der isoliert stehenden Hotels, Pensionen und Villen. Dasselbe umschließt den Theaterrücken und zieht sich an und unfern der windungsreichen Straße, die Taormina mit dem Bahnhof Giardini verbindet, weit abwärts. Die rotbraun, weiß, bläulich gestrichenen Gebäude besitzen Aussichtsterrassen mit üppig wuchernden weinroten Bougainvillien und Parks voll von immergrünen tropischen und subtropischen Schmuckbäumen. Der Rand der tieferen Terrasse trägt einen baum- und blumenreichen Stadtpark. Er gewährt einen herrlichen Blick über den aufgeforsteten Hang hinab auf Giardini und auf das ganze vom Griechischen Theater gegen Südwesten ausgebreitete Panorama.

Während das Griechische Theater von Tauromenien 30 000 Zuschauer gefaßt haben soll, besitzt das heutige Taormina nur rund 5000 Einwohner, beherbergt in der von

Januar bis Mai dauernden Saison aber oft ebensoviele Gäste, vorwiegend Ausländer. Das Erwerbsleben der Stadt ist größtenteils auf den Fremdenverkehr eingestellt. Das kommt an erster Stelle in der sehr großen Zahl von Hotels, Pensionen und Fremdenheimen zum Ausdruck. Der ganze Corso Umberto mit seinen Kaffees und Tanzstätten, mit seinen Bankfilialen und Reisebüros, mit seinen Läden, die Schmucksachen, Gemälde, Reiseandenken und vor allem Stickereien (*Ricami Siciliani*) feilbieten, lebt von ihm. Dagegen tritt der Verkehr mit der einheimischen Nachbarschaft stark in den Hintergrund. Er vollzieht sich mittels der buntbemalten, hohen, zweirädrigen sizilianischen Bauernwagen oder auf Eselsrücken. Da die Pfade um Taormina fast ausschließlich steinig und steil sind, ist die letztere Beförderungsart bei Alt und Jung sehr beliebt.

Wie bei Forza d'Agro, so streckt sich auch bei Taormina eine Halbinsel aus der geradlinigen Front der Küste gegen Südosten vor. Bei Taormina ist sie breiter entwickelt und läuft in drei Vorsprünge aus, die in den Kaps Mazzarò, di S. Andrea und di Taormina enden. Sie bestehen vorwiegend aus den harten Kalken des unteren und mittleren Lias und stellen Abrasionsüberreste dar. Die Brandung wäscht im Niveau des fast gezeitenlosen Meeresspiegels aus den Kalken Höhlen aus. Mehrere Höhlenhorizonte über der jetzigen Strandlinie beweisen eine junge Hebung, der unterste, der in 4,70–5,80 m Höhe liegt, zeigt zugleich eine schwache Verbiegung. Von hier hebt sich die mächtige Bergrippe von Taormina in zahlreichen Absätzen gegen Nordwesten. Die markantesten von ihnen sind der Rücken des Griechischen Theaters (254 m), der Burgberg von Taormina (398 m), Castel Mola (560 m), die Punta Carnevale rd. 680 m) und der M. Vènere (884 m). Die Terrasse der Altstadt von Taormina ist von marinem Quartär bedeckt und beweist damit eine ganz junge Hebung um 250 m, an der offenbar die ganze geschilderte Bergrippe teilgenommen hat. Daß diese Hebung ruckweise erfolgt ist, zeigen die tieferen Terrassen, die um den Rücken des Griechischen Theaters verteilt sind: die des Stadtparks (220 m), des Friedhofs (155 m), unter dem Belvedere (140 m) und bei der Abzweigung der Straße nach Taormina-Stadt von der Küstenlängsstraße (70 m).

Die Basis der geologischen Schichtfolge, die die Berge von Taormina aufbaut, ihre Formen weitgehend bestimmt und darüber hinaus einen tiefgreifenden Einfluß auf deren spontane sowie Kulturvegetation ausübt, bilden die kristallinen Schiefer des Peloritanischen Gebirges. Diese bestehen um Messina vorwiegend aus Gneis, der gegen Südwesten zu in Serizitschiefer und schließlich in die stark gefalteten Phyllite und Glanzschiefer der Gegend von Taormina übergeht. Der Phyllit steht vorwiegend nordöstlich des Kammes der Bergrippe von Taormina an, nimmt aber auch weite Flächen westlich des M. Venere ein. Diskordant auf den kristallinen Schiefern liegt eine viele hundert Meter mächtige mesozoische Schichtfolge. Diese setzt mit einem roten Basiskonglomerat ein, das zum wenigsten petrographisch dem alpinen Verrucano entspricht. Die überlagernde marine Serie beginnt mit weißen, rötlichen oder gelblichen unterliassischen Marmorkalken und Dolomiten, die in Brüchen ausgebeutet werden. Es folgen dickbankige oberliassische Kalke, die mit Mergelkalken und -schiefern wechsellagern. Der Dogger ist in Gestalt rötlicher Mergel mit Kalkbänken entwickelt, der Malm in Form von grauen Kieselkalken, die mit vielfarbigen Schiefern abwechseln. Nach den sorgfältigen Untersuchungen von M. Limanowski bildet diese mesozoische Serie zusammen mit den kristallinen Schiefern eine Überfaltungsdecke, die in drei übereinanderliegende Lappen verzweigt ist. Dieselben fallen gegen Südwesten nach dem Ätna zu ein. Limanowski nennt sie die "liegenden Falten" von S. Andrea, Marica und Taormina. Nach der Deckenbildung, die posteozänen Alters ist, haben sich mächtige Massen von wahrscheinlich miozäner Molasse abgelagert. Ihre tonigen Glimmersandsteine setzen die Gegend von Letojanni zusammen, während der Höhenzug des M. Mastrissa und das Bergland von Castiglione aus gleichaltrigen Konglomeraten bestehen, die mit feinen Sandsteinen wechsellagern. Diese Molasse taucht unter die jungen Laven des Ätna unter.

Die mesozoischen Gesteine der drei Deckenlappen fallen ihrerseits vorwiegend gegen Westen oder Südwesten ein. Sie stehen oberflächlich in drei nördlich bzw. nordwestlich ziehenden Bändern an. Das unterste, das zu der liegenden Falte von S. Andrea gehört, setzt die Vorsprünge der Halbinsel von Taormina zusammen. Das zweite beginnt beim Friedhof der Stadt, zieht durch die westliche Flanke des Talgebiets der Fiumara di Letojanni, quert das Letojannital bei dem Postilione und setzt noch den Bergklotz des M, Castellaccio (495 m) östlich dieses Tales zusammen. Das dritte Band, zur liegenden Falte von Taormina gehörend, krönt allenthalben die Taorminarippe, beherrscht deren Südwestabfall zum Torrente Sirina und zieht noch hoch am Gegenhang zur Mastrissa hinauf, ja, reicht nördlich der letzteren nach Westen bis zum Torrente S. Verena. Zwischen dem zweiten und dritten Band ist ein Fetzen der liegenden Falte von Taormina als isolierter Rest im Gipfelaufbau des M. Ziretto erhalten. Das Juraband von Forza d'Agro bildet seinerseits das Ausgehende einer liegenden Falte vom gleichen Typ.

Die kristallinen Schiefer sind tiefgründig verwittert, und diese tonreiche Verwitterungsdecke besitzt die Fähigkeit starker Wasseraufnahme. Sie durchfeuchtet sich daher während der Niederschlagsperiode des Winterhalbjahrs und hat starke Neigung zum Rutschen. Infolgedessen entwickeln sich an vielen Stellen, vor allem in den Wildbachtrichtern der Talanfänge wüste Muren, die die Flüsse mit Schutt überladen und auf den Talsohlen hohe fluviatile Aufschüttungen erzeugen. Sehr schön kann man das an den Ostabbrüchen des M. Vènere und des nördlich benachbarten M. Lapa beobachten. Der Fiumara di Letojanni werden auf diese Weise gewaltige Schuttmassen zugeführt, die die eben zu Ertrag heranwachsenden Apfelsinenhaine des Tales gefährden. Um die Rutschungen zu verhindern, sind die mittelsteilen Schieferhänge von den Bauern in Hunderte von Terrassen aufgelöst, deren Flächen von Stützmauern gehalten werden. Im Bereich der Schiefer zieht sich diese Terrassierung mitunter bis zu den Gipfeln hinauf. Die Terrassenflächen tragen Öl- und Mandelbäume, seltener Johannisbrotbäume, und unter ihnen Weizen, Gerste, Hafer, Pferdebohnen. Andere solche Felder sind mit strunkförmig zugeschnittenen Weinreben bedeckt, deren Pflege besonders im Frühjahr einen großen Teil der bäuerlichen Arbeit in Anspruch nimmt. Die Weinfelder werden gehackt, mühsam wird Dünger auf die Terrassen getragen, die Rebstöcke werden beschnitten. Später werden die sich entwickelnden Ranken an Stangen gebunden, die ringsum in den Boden gesteckt werden. Dieselben bestehen oft aus dem Spanischen Rohr (*Arundo donax*), das auf feuchtem Alluvialboden wächst. Apfelsinen- und Zitronenbäume stehen auf den kristallinen Schiefern in kleinen dichten Beständen, allerdings nur da, wo künstliche Bewässerung eingerichtet worden ist, ohne die diese Fruchtbäume die heißtrockenen Sommer nicht überstehen. Nicht angebaute Hänge im Bereich der kristallinen Schiefer und der Molasse tragen einen Busch aus Opuntien und einer im März grüngelb blühenden Euphorbiazee. Diese Opuntien- und Euphorbiazeenfluren sind für Ostsizilien überaus charakteristisch.

Die Felder um Taormina werden dann und wann auch durch Aschenfälle des Ätna gedüngt, die auftreten, wenn kräftige Eruptionen mit starkem Südwestwind verknüpft sind. In dieser segensreichen Fernwirkung erschöpft sich hier der Einfluß des Vulkanriesen, dessen Zentralkegel von Taormina gegen 30 km Abstand hat. *L. Goldhann* schildert in seinen "Ästhetischen Wanderungen in Sicilien" einen solchen Aschenregen, den er 1854 beim Aufstieg von Giardini nach Taormina erlebte. ". . . Dazu kam noch, daß eine schwere Aschenwolke, die wir schon lange wie ein großes, schwarzes Flaumkissen über dem tieferen Krater des Ätna hatten hängen sehen, sich jetzt in nordöstlicher Richtung ausbreitete und langsam niedersinkend die Atmosphäre dergestalt mit Asche schwängerte, daß die Augen empfindlich darunter litten und bald der ganze Boden mit einer äußerst feinen, schwarzschimmernden und streusandähnlichen Masse überrieselt war. Die bunte Blumenvegetation, durch welche sich, des steinigen Bodens ungeachtet, der Weg hinaufschlängelte, bekam ein verwittertes Ansehen durch diese Überstaubung, und die Weingärten, die oben in wilder Unterbrechung um die Mauern der Stadt ihre Ranken flochten, waren wie von einem unheimlichem Mehltau überdeckt."

Der eigentliche individuelle Stil der Landschaftsformen um Taormina wird durch das jurassische Schichtpaket bestimmt, insbesondere die bis zu 200 m mächtigen unterliassischen Kalke und Dolomite. Diese bilden die Gipfel der am meisten charakteristischen Berggestalten ringsum. Sämtliche Gipfel der Rippe von Taormina bestehen aus ihnen, dazu der M. Ziretto und M. Castellaccio. Je nach der mehr oder weniger starken Schichtenneigung bilden diese Gipfel asymmetrische Kämme oder Tafelberge. Da die mesozoische Schichtserie vorwiegend gegen Westen oder Südwesten einfällt, stürzen diese Gipfel zum wenigsten gegen Osten oder Nordosten mit senkrechten, ja überhängenden Schichtstufen ab, die in den Verwitterungsfarben Grau oder Orangegelb leuchten. Entlang senkrechten Spalten erfolgen an ihnen gewaltige Abbrüche, und Blöcke von Hausgröße wandern, allmählich zerfallend, über die unterlagernden rutschigen Schiefer in die Tiefe. Unter den Liaskalken brechen mächtige aufsteigende Quellen hervor, so die Fontana Vecchia nördlich der Akropolis von Taormina und die Dorfquelle von Mola an der großen Straßenkehre, die oft von wasserholenden Eselkarawanen umlagert ist. Die weniger steil abfallenden Schichtflächenseiten der Berge und die Gipfelplattformen sind verkarstet. Das Wasser versickert in den Schrattenrinnen. Dolinenartige flache Wannen der Gipfelplattformen sind von zusammengeschwemmter Roterde erfüllt. Diese Flächen tragen ganz dürftige steinige Gerstenäcker oder eine feuchtwüchsige Grasnarbe, die kleine Schaf- und Ziegenherden nährt. Auch in den Schrattenrinnen ist etwas Roterde erhalten, und die verkarsteten Hänge sind daher mit einer Garrigue aus Opuntien, Asphodill, der genannten Euphorbiazee, einem Salbeigewächs mit dunkelgelben Schmetterlingsblüten, einem Stachelginster und verschiedenen Grasarten bestanden. Diese Flächen sind oft von Lesesteinmauern umgeben und dienen ihrerseits als Kleinviehweide. Auch in den Kalk- und Dolomitengebieten der Landschaft um Taormina sind die Hänge oft in Terrassen aufgelöst, auf denen vorwiegend Wein angebaut wird. Mitunter tragen sie auch Mandel-, Öl- und Feigenbäume. Die Mandelblüte im Januar-Februar gibt der Landschaft um Taormina einen betont festlichen Charakter.

Zwischen dem Friedhof von Taormina und dem M. Castelaccio ist das mesozoische Kalk-Dolomitband in die Phyllite eingefaltet. Durch seine Widerständigkeit bildet es an den rechten Hängen des Letojannitales eine riesige Stufe. Da, wo es die rechten Seitentälchen des Letojanni, die Torrenten Carda und Saracena, sowie den Torrente Vina quert, entstehen wildenge Schluchten mit Gefällsbrüchen und hohen Wasserfällen. Eine solche Schlucht, den Postilione, bildet beim Durchbrechen dieses Bandes auch die Fiumara di Letojanni selbst. Der Fluß hat eine bis zu 60 m tiefe Klamm in den Dolomit geschnitten. Die dicken Schichtbänke ragen als Rippen in sie hinein. An den senkrechten, ja überhängenden Wänden der Klamm hat der Fluß Erosionsspindeln ausgestrudelt. Das Sträßchen Letojanni-Melia führt neben der Schlucht durch einen Tunnel.

Die Landschaft von Taormina birgt zwei verschiedene Typen von Siedlungen. Der eine wird durch die Stadt selbst vertreten. Es ist der Typ der geschlossenen Siedlung. Diese Siedlungen ziehen sich entweder als Einwegdörfer lang zwischen Meer und Steilküste hin (Letojanni, Mazzaro, Giardini), oder sie liegen auf hohen Terrassen und Gipfeln (Taormina, Mola, Forza d'Agro), oder sie schmiegen sich an die sanfteren Hänge der kristallinen Schiefer (Melia, Mongiuffi, Gallodoro). Die Gipfel- und Terrassenlage ist in Sizilien sehr weit verbreitet. Wie *H. W:son Ahlmann*, dem wir eine sehr gründliche Studie über die Siedlungsgeographie des subtropischen Italien verdanken, betont hat, ist dieselbe sehr alten Datums und verdankt dem Schutzbedürfnis ihren Ursprung. Die Häuser der geschlossenen Siedlungen drängen sich an engen krummen Gassen, "alle von der Armut der Jahrhunderte mit gewichtigen Reizen gefärbt". Sie sind mehrstöckig, aus Stein errichtet, außen gekalkt und oft farbig gestrichen. Die flachen, mit römischen Holzziegeln gedeckten Dächer reichen gerade bis zu den Hauswänden, ohne überzukragen. Zu der Bauernbevölkerung, die die meisten dieser geschlossenen Dörfer bewohnt, tritt in Letojanni und Giardini eine Fischerbevölkerung. Der Fischfang auf Sardinen, Zitterrochen und andere Fische wird mit Ruderbooten betrieben, die nach mediterraner Art nach der Arbeit auf den Kiesstrand gezogen werden. Am Strand von Giardini liegen außerdem Hunderte von Fässern mit offenem Spund, die mit Zitronen- und Apfelsinenschnitzeln in Wasser gefüllt sind. Sie werden zur Herstellung von Apfelsinenmarmelade und Zitronensaft ausgeführt. Giardini verfügt jedoch über keinerlei Hafenanlagen. Vielmehr müssen die ladenden Dampfer auf der freien Reede der Bucht ankern. Die Fischersiedlung Giardini ähnelt in ihrem Aussehen wie in ihrem Leben und Treiben außerordentlich stark den mittel- und südportugiesischen Fischerdörfern, wie überhaupt zwischen dem Süditaliener und dem Portugiesen zahlreiche wirtschaftspsychologische Ähnlichkeiten bestehen.

Der andere Siedlungstyp ist der der Einzelsiedlung. Wie ebenfalls *Ahlmann* hervorhebt tritt er zuerst in der Sarazenenzeit auf. Die Einzelsiedlungen verteilen sich überall über die Hänge, wo genügend Boden zur Anlage von Feldchen vorhanden ist. Häufig sind sie von weither durch ein Paar Palmen oder Zypressen kenntlich. Erstere traf ich an der Bergrippe von Taormina bis 520 m, letztere sogar bis 750 m Höhe, ein deutlicher Hinweis auf die außerordentliche Wintermilde des Klimas. Ganze Haine von dunklen Zypressen kennzeichnen außerdem die Friedhöfe der geschlossenen Siedlungen.

Franz Kuypers nennt in seinem von Gedankentiefe und breitem archäologischem und kunsthistorischem Wissen getragenen Buch über Sizilien die Landschaft von Taormina die griechischste Gegend Siziliens. Hat sich hier die griechische Kultur doch nicht weniger als 523 Jahre, länger als irgendwo sonst auf der Insel, einer selbständigen Entwicklung erfreut. Griechisch sind aber nicht nur so herrliche Baureste wie das alte Theater, griechisch ist auch der ganze Landschaftsstil: Wuchtigsteile Kalkklötze von lichten Farben, mit schütterer Vegetation bewachsen und von mauerumwehrten Akropolen gekrönt, zierliche Halbinselvorsprünge angesichts eines Meeres, das den größten Teil des Jahres über in einem ungetrübten Blau erglänzt. Niemand hat diesen griechischen Stil hier stärker empfunden als *Goethe*. Während seines Aufenthaltes in Taormina beschäftigte ihn der Plan eines Dramas "Nausikaa" auf das lebhafteste. Hier las er "mit unglaublichem Anteil" die Odyssee, überzeugt, daß es für ihn keinen besseren Kommentar zu ihr geben könne. Und zehn Tage später schrieb er von Neapel aus an Herder: "Nun ich alle diese Küsten und Vorgebirge, Golfe und Buchten, Inseln und Erdzungen, Felsen und Sandstreifen, buschige Hügel, sanfte Weiden, fruchtbare Felder, geschmückte Gärten, gepflegte Bäume, hängende Reben, Wolkenberge und immer heitere Ebenen, Klippen und Bänke und das alles umgebende Meer mit so vielen Abwechselungen und Mannigfaltigkeiten im Geiste gegenwärtig habe, nun ist mir erst die Odyssee ein lebendiges Wort."

LITERATUR

1. *Seume, J. G.:* Spaziergang nach Syrakus. Braunschweig 1802. 4. Aufl. 1817.
2. *H. W:son Ahlmann:* Études de géographie humaine sur l'Italie subtropicale. Geogr. Annaler, VII, 1925/26, S. 257–322
3. *Kuypers, Fr.:* Sizilien. Eine Wanderfahrt durch seine Kulturen. München 1931

Abb. 2: Taormina, Villenteil mit griechischem Theater. Das Bild ist von der Via Roma aus aufgenommen, einer Horizontalstraße, die hoch über dem Steilabfall zur Küste, von Stützmauern getragen, unter der links gelegenen Altstadt entlang zieht. Im Hintergrund der mehrgipflige Höhenrücken des griechischen Theaters (254 m). Zwischen den beiden linken Gipfeln ist dieses selbst sichtbar. Davor die Terrasse des Stadtgartens, zur äußersten Rechten Villa Diodoro. Im Vordergrund der Steilhang mit Zypressen, Steineichen, Feigenbäumen, Opuntien und Ginsterbüschen.

Abb. 3: Die sizilische Küste dicht nördlich von Taormina. Die Steilhänge zur linken bestehen aus kristallinen Schiefern. Die hinterste Rippe ist von einer Schichtstufe aus liassischen Dolomiten gekrönt und erhält durch sie ihre zackige Form. Sie ragt nach O in Gestalt des Kap Alessio ins Meer vor. Hinter dem breiten Sandstrand die ostsizilische Hauptbahn und -straße. Im Mittelgrund die Einwegesiedlung Letojanni.

Abb. 4. Die Berge von Taormina, meerwärts gesehen. Der Standpunkt befindet sich in rd. 700 m Höhe, auf der Terrasse des Cafe Monte Venere. Der größte Teil der Landschaft besteht aus mesozoischen Schichtgesteinen insbes. den hellen liassischen Kalken und Dolomiten. Im Vordergrund Einzelsiedlungen und spärliche Feldchen mit Lesesteinmauern. Der Mittelgrund ist künstlich terrassiert und ungemein fleißig angebaut. Die Terrassen tragen Rebfelder mit Feigen- und Obstbäumen. Im Hintergrund der senkrecht aufgebäumte Burgberg von Mola, rechts davon das Dorf Mola, links die S-förmige Schlinge der neuen Straße, daneben die Akropolis von Taormina und noch weiter links die Stadt selbst mit dem Griechischen Theater.

Abb. 5. Akropolis von Taormina, vom Aufstieg nach Castel Mola. Das Bild zeigt die Rückseite der Akropolis, deren Hänge sorgfältig terrassiert sind. Auf der Bergschulter rechts unter ihr die Kirche Madonna della Rocca, mit nachts angestrahltem Kreuz. Vorn rechts an der Straße das ehemalige städtische Zollhäuschen.

Abb. 6. *Castel Mola bei Taormina, vom Aufstieg zum Monte Venere.* Rechts der Burgberg von Mola. Er besteht aus einer Schichttrippe der Liasdolomite und fällt gegen links senkrecht gegen das unterlagernde Verrucanokonglomerat. Der Bergklotz wird von der Burg Mola gekrönt, während der Ort enggedrängt die Schichtflächen der Rückseite besetzt hält. Durch die Terrassenhänge des Mittelgrundes zieht die hochgebaute S-Schlinge der neuen Straße von Taormina nach Mola. Links vorn der Zypressenfriedhof von Mola.

Abb. 7. *Opuntienhecken bei Taormina.* Die violettroten Früchte der Opuntien, die unmittelbar aus den stachligen, dicken, tellerförmigen Blättern herauswachsen, sind zur Zeit ihrer Reife im Frühwinter ein wichtiges Nahrungsmittel. Hinten der Tafelberg des Monte Ziretto.

Abb. 8. Terrassierte Anhöhe bei Taormina. Das Bild stellt eine Kuppe unfern der Punta Carnevale, nordwestlich von Taormina, dar. Die von Kalksteinmauern gestützten Terrassen tragen Weinreben, neben denen die Stützstangen aus Spanisch Rohr schon gesteckt sind. Dazwischen einzelne Feigenbäume, Mitte März noch blattlos.

NACHWEIS DER ERSTABDRUCKE

1 Madeira. Eine länderkundliche Skizze des Archipels. In: Erdkunde. 3, 1949. S. 212–229

2 Klima und Pflanzenkleid Madeiras im Wandel der Jahreszeiten. In: Kosmos. 1951. S. 27–32.

3 Die Insel Ischia. In: Societas Geographica Fenniae. Acta Geographica 14 (Festschrift Väinö Auer). Helsinki/Helsingfors 1955. S. 248–285.

4 Taormina und seine Landschaft. In: Zeitschrift für Erdkunde. 8, 1939, 7/8. S. 161–169.